S Zeunert's Schmalspur Bahnen

ISBN 978-3-924335-75.5
Herausgeber
Ingrid Zeunert
Lektorat
Wolfgang Zeunert
Fachmitarbeiter
Klaus Bäuerlein, Andreas Christopher,
Heinz-Dietmar Ebert, Eugen Landerer,
Dr. Stefan Lueginger, Dieter Riehemann,
Klaus-Joachim Schrader †,
Joachim Schwarzer, Dr. Markus Strässle
Verlag Ingrid Zeunert
Postanschrift: Postfach 1407, 38504 Gifhorn
Hausanschrift: Hindenburgstr. 15, 38518 Gifhorn
Telefon: (05371) 3542 • Telefax: (05371) 15114
e-mail: webmaster@zeunert de
Internet: www.zeunert.de • Ust-ID: DE115235456
ZEUNERT'S SCHMALSPURBAHNEN
Erscheinungsweise: 1-2 Bände im Jahr.

Inhalt

Titelbild:
SLB-Pinzgauer Lokalbahn
Dampflok Mh 3 nach Aufarbeitung am 29.4.2010 im
ersten Probeeinsatz mit dem Nationalparkzug bei
Piesendorf.   Foto: Walter Stramitzer

Foto auf der letzten Umschlagseite:
RügenscheBäderBahn (RBB)
Die generalüberholte PRESS-Diesellok 251 901
(links) und Preßnitztalbahn-Rangierlok 199 008 am
23.5.2010 in Putbus.   Foto: Martin Raddatz

ZEUNERT im Inte

D1730992

Schmalspurbahnen in Deutschland

Brohltai: *DEV-Gastlok FRANZBURG im Bw Brohl.*

Brohltalbahn

Im Rahmen des Dampfspektakels anlässlich »175 Jahre Deutsche Eisenbahn« waren am 4. und 11.4.2010 auf der meterspurigen Brohltalbahn zwei Dampflokomotiven zu Gast.

Die 99 7203 des UEF-Albbähnels beförderte zahlreiche Züge zwischen Brohl und Oberzissen.

Währenddessen pendelte die Lok FRANZBURG des Deutschen Eisenbahn-Vereins (DEV) zwischen Brohl und Brohl-Hafen.

Auch die Diesellokomotiven D1, D2 und D5 der Brohltalbahn waren im Einsatz.

Es wurde ein äußerst abwechslungsreiches Programm sowohl für die Eisenbahnfreunde als auch für die Familien und Osterausflügler geboten. *Niels Kunick*

Brohltal: *Die hauptuntersuchte D1 auf Probefahrt am 1.4.2010 bei Schweppenburg-Heilbrunnen.*
Fotos (2): Niels Kunick

Brohltal: D5 mit Güterzug im Phonolitwerk in Brenk. Foto: Niels Kunick

Brohltal: 99 7203 vom UEF-Albbähnle vor einem Sonderzug auf der Schmalspurstrecke kurz hinter Brohl-Lützing. Foto: Niels Kunick

Fichtelbergbahn: 99 794 am 18.9.2009 oberhalb von Neudarf-Vierenstrasse.

Bad Doberan-Kühlungsborn (Molli): 99 2321 am 12.4.2009 im Bahnhof Kühlungsborn West .

Fotos (2): Martin Raddatz

Fichtelbergbahn Cranzahl-Oberwiesenthal

Die 1897 eröffnete 750 mm-Schmalspurbahn wird von der SDG Sächsische Dampfeisenbahngesellschaft mbH fahrplanmäßig mit Dampfloks (sä. VII K) betrieben. Die Strecke führt von Cranzahl (654 m) über 17,4 km bis zum Kurort Oberwiesenthal (893 m). Im Sommer waren 2009 täglich fünf Zugpaare (am Wochenende sechs) unterwegs, wofür zwei Dampfloks benötigt wurden (gesichtet: LKM-Neubauloks 99 772, 99 786 und 99 794). Besonders sehenswert fand ich die Gleiskreuzung mit der Normalspur im Bahnhof Cranzahl, die Hanglage der Strecke oberhalb Neudorf, die starke Steigung hinter Vierenstraße und das Stahlgitterviadukt vor dem Endbahnhof Oberwiesenthal. Entlang der Strecke führt gut gezeichnet und schön angelegt der »Erlebnispfad Bimmelbahn«, den zu wandern es sich lohnt, um die Bahn kennenzulernen.

Martin Raddatz

Bad-Doberan-Kühlungsborn (Molli)

Oben:

Das Einfahrsignal A in Heiligendamm ist seit Oktober 2008 mit einem (sehr seltenen) Negativflügel (Umrandung weiß und innen rot) ausgerüstet worden, um den Kontrast zum Hintergrund zu verbessern.

Unten:

Neubaulok 99 2324 beschleunigt am 12.4.2009 den Zug nach Bad Doberan die Steigung bei Kühlungsborn-Fugen hinauf.

Fotos (2): Martin Raddatz

ehem. Kleinbahn Philippsheim-Binsfeld

Die Vulkan-Eifelbahn (VEB) hat Lok 1 (Heilbronn 1899/370) der ehemaligen 750 mm-Bahn gekauft und im Bw Gerolstein untergestellt. Eine betriebsfähige Aufarbeitung ist vorgesehen.

Preßnitztalbahn Jöhstadt-Steinbach

Die 23 km lange 750 mm-Schmalspurbahn Wolkenstein-Jöhstadt wurde 1986 stillgelegt und danach abgebaut. Kurz danach begannen Eisenbahnfreunde mit dem Wiederaufbau eines 15 km langen Abschnitts. In Jöhstadt wurde der historische Lokschuppen in der Nähe um eine große, moderne Fahrzeughalle ergänzt. Die Strecke führt durch das landschaftlich reizvolle Schwarzwassertal. Wir sind am 13.9.2009 im Schwarzwassertal parallel zur Strecke gewandert und mit dem Dampfzug zurückgefahren. Die neue »kleine« 1K 54 (Dampflokwerk Meiningen 2009/0204) hatte einen ihrer ersten öffentlichen Einsatztage. Unterstützt wurde sie durch die Gastlok 99 1715 (VI K, Hartmann Bj. 1927). Vor Ort

Oben: Fichtelbergbahn
99 1715 am 13.9.2009 vor einem nach Oberwienthal fahrendem Zug,
        Foto: Martin Raddatz
Unten: PRESS/RBB
Geralüberholte und neu lackierte Diesellok 251 901 auf Rügen am 23.5.2010 in Putbus.
        Foto: Martin Raddazu

VSSB: *Neubaudampflok IK 54 am 30.9.2009 vor dem Lokschuppen der Preßnitztalbahn in Jöhstadt.*
Foto: Jürgen Steimecke

sind ferner drei IV K (99 1542, 99 1568 und 99 1590), eine VII K (99 1781, LKM Baujahr 1953), die 99 4511 (Krauss Bj. 1899, C-n2t) sowie eine LKM-Ns 4 und zwei LKM-V 10 C (199 007 bis 009). *Martin Raddatz*

Korrekturen zu ZSB 29 (Seite 10+11)

Im Beitrag zum IV K-Treffen in Jöhstadt hat sich ein wiederholter Fehler eingeschlichen. Der Bauart mit den zwei Antriebsdrehgestellen geht auf den Elsässer Jean Jaques Meyer zurück. Die Schreibweise Mayer ist schlichtweg falsch.

Von den Aktiven im Preßssnitztal wird übrigens auf eine strikte Trennung der Schreibweisen geachtet. Der Verein schreibt sich konsequent mit »ß« (also Preßnitztalbahn e.V.), aber die (auch im regelspurigen Geschäft tätige) GmbH mit »ss« (also PRESS). Aus Achtung vor den Beteiligten sollte man das meiner Meinung nach beherzigen. *Niels Kunick*

**Verein zur Förderung
Sächsischer Schmalspurbahnen e.V. (VSSB)**

Die 750 mm-Neubaudampflok IK 54 (Herst.

Dampflokwerk Meiningen) des Vereins wurde am 7.7.2009 im Bahnhof Radebeul Ost in Betrieb genommen. *Jürgen Steimecke*

Rügensche Bäderbahn (RüBB)

Eigentümer PRESS ließ die Diesellok 251 901 (Gmeinder 1964/5327; Spurweite 750 mm; ex Steiermärkische Landesbahn, ex Deutsche Bundesbahn V 51 901) im Werk Chemnitz grundüberholen und in der Firmenfarbe »PRESS-Blau« (Fahrwerk schwarz) lackieren. Nach Probefahrten auf der Preßnitztalbahn ist die Lok wieder auf Rügen im Einsatz.

**Sächsische Dampfeisenbahn Gesellschaft
(SDG)**

Während der 125-Jahrfeier der Schmalspurbahn Radebeul-Radeburg kam es am 12.9.2009 zwischen Friedewald-Bad und Friedewald-Haltepunkt zum frontalen Zusammenstoss von zwei von Dampfloks gezogenen Zügen. Es gab 52 Verletzte. Am Unfall beteiligt waren die SDG-Dampflok 99 1789

(LKM 1957/132030) und Lok
20 (LKM 1951/15417) des
Mansfelder Bergwerksbahn-
Vereins (MBB) als Gastlok. Beide Loks und neun Waggons
wurden schwer beschädigt.
Zwei der Personenwagen
wurden bereits wieder in-
standgesetzt. Alle weiteren
Fahrzeuge sollen ebenfalls
wieder hergerichtet werden.
Allerdings werden erhebliche
Reparaturkosten anfallen.

Zittauer Schmalspurbahnen (SOEG)

Im Rahmen der alljährlich
stattfindenden Veranstaltung
»Historik mobil« fand am 31.
Juli 2009 die Präsentation des
sogenannten »Einhundertjährigen Königlich Sächsischen
Zuges« statt. Neben den zwei
Personen- und einem Gepäckwagen, die in das Farb- und
Beschriftungsschema der Königlich Sächsischen Staatseisenbahn versetzt wurden,
ist die Zuglok IV K 145 der
eigentliche Höhepunkt des
Zuges. Diese zwischen 1977
und 2002 als Denkmalslok
99 555 in Sölmnitz (bei Gera)
aufgestellte IV K wurde bei
der MaLoWa Bahnwerkstatt
einer betriebsfähigen Aufarbeitung unterzogen und
dabei in einigen (aber nicht

allen) Bauartmerkmalen dem Auslieferungszustand angenähert. Unter anderem wurde der Dampfdom an den früher üblichen Ort versetzt und mit der gewölbten Domabdeckung versehen. Die Demontage des hölzernen Tenderaufsatzes verleiht der Lok ein im Vergleich zur Reko-IV K recht abweichendes Aussehen, allerdings auch etwas dezimierte Kohlenvorräte. Auffälligste Veränderung ist natürlich die Lackierung und Beschriftung nach den Grundsätzen der Königlich Sächsischen Staatseisenbahnen. Führerhaus, Tender und Wasserkästen sowie Teile der Kesselverkleidung sind in einem Grünton gehalten, der dem Farbton zu Zeiten der K.Sächs.Sts.E.B. nachempfunden wurde. Besonderen Wert legte man dabei auf die farbliche Übereinstimmung mit der im Jahr 2009 neugebauten I K 54.

Neben diesem nostalgischem Zug waren natürlich auch die VII K-Lokomotiven der SOEG unterwegs, besondere Beliebtheit bei den Fahrgästen genoss bei strahlendem Sonnenschein der Aussichtswagenzug. Der Triebwagen VT 137 322 übernahm den Pendeldienst zwischen den Veranstaltungsorten im Kurort Jonsdorf. *Niels Kunick*

SOEG:
Oben: *IV K 145 in Zittau.*
Mitte: *iV K 145 mit dem »Einhundertjährigen Königlich Sächsischen Zug« vor der Stadtsilouette von Zittau.*
Unten: *Eine VII K-Lok vor einem Zug mit offenen Personenwagen. Fotos (3) Niels Kunick*

Auf Schmalspurgleisen durch das Zillertal

Das Zillertal als südliches Seitental des Inntals gilt als Herzstück des Tiroler Fremdenverkehrs. Es zählt zu den wenigen bevorzugten Regionen, die das ganze Jahr über für Gäste interessant ist. Durch das Tal fährt von Jenbach bis Mayrhofen eine Schmalspurbahn. Sie wurde 1902 gebaut und bringt dem Zillertal bis heute wesentliche Impulse für die Wirtschaft und den bequemen Anschluss an das Tiroler Verkehrsnetz.

Touristen, und Eisenbahnfreunde nutzen begeistert die planmäßig von Dampflokomotiven gezogenen Personenzüge, deren Eintreffen sich durch Dampfwolken von weitem ankündigt. Aber diese Schmalspurbahnromantik ist nur die eine Seite dieses modernen Verkehrsunternehmens, das mit Triebwagen und Taktfahrplan einen perfekten Schienennahverkehr anbietet. Hinzu kommt ein lebhafter Güterverkehr, der überwiegend von den neuen Gmeinder-Dieselloks bewältigt wird. Dieses gewaltige Verkehrsaufkommen   wird auf einer teilweise zweigleisigen Streckenführung abgewickelt. Jeder Besucher des Zillertals ist fasziniert von diesem lebhaften Betrieb auf

Von Dr. Stefan Lueginger
112 S. 170x240 mm, 179 Farb- und 29 SW-Fotos, 17 stilisierte Bahnhofsgleispläne, EUR 24,50 (D) plus Versand EUR 1,40 (D).

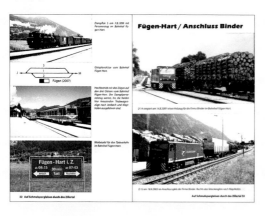

Schmalspurgleisen mit nostalgischen Dampfloks, neuen Niederflurwagen und Dieselloks mit Normalspurgüterwagen auf Rollwagen.

Das Buch beschreibt die heutige Zillertalbahn, wobei ihre Geschichte nicht vergessen wird. Da eine Eisenbahn immer Teil der Landschaft ist, in der sie verkehrt, erfährt der Leser auch etwas über das Tal und seine Gemeinden. Historische Schwarzweißfotos und viele aktuelle Farbfotos geben eine lebendige Vorstellung von dieser ebenso liebenswürdigen wie rührigen Schmalspurbahn.

Postanschrift:
Postfach 14 07 • 38504 Gifhorn
Hausanschrift:
Hindenburgstr. 15, 38518 Gifhorn
Telefon: (0 53 71) 35 42
Fax: (0 53 71) 1 51 14
e-mail: webmaster@zeunert.de • Internet: www.zeunert.de
Ust-ID: DE115235456
***Versandkosten je Buch EUR 1,40 (D)**

HSB aktuell
Harzer Schmalspurbahnen GmbH.

Geschäftsbericht 2009

Die Harzer Schmalspurbahnen GmbH (HSB) hat das Geschäftsjahr 2009 erneut erfolgreich abgeschlossen. Mit 1,16 Millionen Fahrgästen waren wieder so viele Fahrgäste auf dem gesamten Streckennetz unterwegs wie in den Vorjahren auch. Davon entfielen auf die Brockenstrecke etwa 726.000 Fahrgäste. Dies entspricht einer Steigerung von 1,8 Prozent. Im Bereich Nordhausen sind die Fahrgastzahlen von 236.000 im Jahr 2008 aufgrund rückläufiger Schülerzahlen auf nunmehr 214.000 gesunken. Die Fahrgastzahlen im Selketal liegen seit 2007 stabil bei 113.000 Fahrgästen. Im Sonderreiseverkehr wurden 34.000 Fahrgäste befördert, das entspricht einer Steigerung von 17 Prozent gegenüber dem Vorjahr. Auf dem gesamten Streckennetz wurden im vergangenen Jahr wieder über 700.000 Zugkilometer im Regelzugverkehr gefahren.

Mit ca. 10 Millionen Euro Gesamtumsatz bestätigte die HSB das stabile Umsatzniveau der Vorjahre. Allerdings stehen dieser erfreulichen Tatsache die auch im vergangenen Jahr weiter gestiegenen Aufwendungen gegenüber. Die aus diesem Grund um durchschnittlich 5,8 Prozent erfolgte Tarifanpassung zum 1.3.2009, die auch den Brocken-Sondertarif mit einschließt, wurde von den Fahrgästen akzeptiert.

Die Ergebnisse einer Analyse zur touristischen Wertschöpfung der HSB in den Landkreisen Harz und Nordhausen wurden im Oktober 2009 der Öffentlichkeit präsentiert. Im Rahmen dieser in Deutschland erstmalig für eine touristische Bahn erstellten Studie bestätigte die Hochschule Harz auf Grundlage wissenschaftlich fundierter Ergebnisse die große Bedeutung der Harzer Schmalspurbahnen für den Tourismus im Harz. Danach erzeugen die Fahrgäste der HSB in beiden untersuchten Landkreisen eine touristische Wertschöpfung von rund 37 Millionen Euro. In etwa jeder achte Euro in der Tourismusbranche dieser Landkreise wird somit durch die HSB und ihre Gäste erwirtschaftet. Darüber hinaus wurden in der Studie mit ca. 9 % aller Arbeitsplätze im Tourismussektor beider Landkreise deutliche Arbeitsmarkteffekte nachgewiesen. Zudem gab jeder dritte Befragte an, ausschließlich aufgrund der Harzer Schmalspurbahnen anzureisen. Insgesamt liegt die Verweildauer unserer »Bahnurlauber« um ca. 1,5 Tage über dem Harz-Durchschnitt."

Die Gütertransportmenge auf den Gleisen der HSB betrug 2009 ca. 24.000 Tonnen.

Im Fahrzeugbereich fanden im Jahr 2009 insgesamt zwei Hauptuntersuchungen mit Rahmen- und Zylinderneubau an den Dampflokomotiven 99 7234 und 99 7241 statt. An der Dampflok 99 7240 wurde eine Kesseluntersuchung in der HSB-eigenen Fahrzeugwerkstatt in Wernigerode mit Unterstützung von externen Spezialisten durchgeführt. An drei weiteren Loks erfolgte dort ebenfalls eine Zwischenuntersuchung. Zwei ehemalige kleinere Personenwagen wurden im Auftrag der HSB zu kombinierten Pack-/Personenwagen umgebaut, um den gestiegenen Anforderungen nach mehr Stauraum für Fahrräder, Schlitten, Kinderwagen etc. in den Zügen nachkommen zu können. Darüber hinaus ließ das kommunale Unternehmen an insgesamt zwölf Reisezugwagen eine Hauptuntersuchung durchführen. 2010 sind diese entsprechend aufwendigen Untersuchungen sogar an insgesamt 27 Reisezugwagen erforderlich.

Zur Erneuerung ihrer Infrastruktur führte die HSB auch im Jahre 2009 mehrere Bauprojekte durch. So konnte der im Jahre 2008 begonnene Bau einer Bahnüber- und Straßenunterführung in der Nordhäuser Freiherr-vom-Stein-Straße abgeschlossen und am 22.12.2009

99 7239 am 6.3.2010 bei der Einfahrt in den Bf. Wernigerode-Westerntor. Foto: Jügen Steimecke

eröffnet werden. Insgesamt erneuerte die HSB die Gleisanlagen der Harzquer- und Selketalbahn auf einer Länge von ca. 6,6 Kilometern. Dabei wurden besonders in den Ortslagen von Wernigerode und Elend neue Schienen verlegt. Eine Eisenbahnbrücke zwischen Drei Annen Hohne und Elend wurde komplett erneuert, und der Bahnhof Wernigerode-Hasserode erhielt im Herbst 2009 sanierte Bahnsteige. Im Stadtgebiet von Nordhausen begann noch im Dezember 2009 der Neubau des Haltepunktes Schurzfell. Nach der voraussichtlich im kommenden Frühjahr erfolgenden Fertigstellung befinden sich auf dem Gebiet der nordthüringischen Kreisstadt dann insgesamt sechs Stationen der HSB. Somit erhöht sich mit Schurzfell die Gesamtzahl der Bahnhöfe und Haltepunkte des HSB-Streckenetzes auf 48.

Mit Beginn des Sommerfahrplanes am 24.4.2010 wird im Selketal aufgrund der großen Nachfrage erstmals eine Dampfzugverbindung von Quedlinburg zum Brocken und zurück angeboten. An allen Donnerstagen, Freitagen und Samstagen können Fahrgäste aus der Welterbestadt sowie dem Selketal vormittags per Dampfzug bis Eisfelder Talmühle durchfahren und in den Nordhäuser Dampfzug zum Brocken umsteigen. Nach einem mehr als einstündigen Aufenthalt auf dem Brockenplateau wird dann die Rückreise angetreten. Alternativ geht es auch über Wernigerode und von dort aus mit dem Harz-Elbe-Express (HEX) über Halberstadt nach Quedlinburg zurück. Im Rahmen dieses Sonderangebotes sind »Rundreisen« in beiden Richtungen ohne Aufpreis für die Nutzer möglich. Für Eisenbahnfreunde besonders interessant werden die Doppelausfahrt zweier Dampfzüge aus Eisfelder Talmühle sowie die planmäßige Durchfahrung der Stieger Wendeschleife sein. Seit längerem verkehren mit der neuen Verbindung nun auch wieder fahrplanmäßige Dampfzüge auf der Strecke von Stiege nach Eisfelder Talmühle. *HSB/pr.*

Neubauzweigstrecke nach Braunlage

Zur am 28.4.2010 in einer gemeinsam verfassten und abgegebenen Erklärung der Verkehrsminister von Sachsen-Anhalt und Niedersachsen, das Projekt zur Anbindung von Braunlage an das Streckennetz der Harzer Schmalspurbahnen GmbH (HSB) vorerst nicht weiter zu verfolgen, äußerte sich der Landrat des Landkreises Harz, Dr. Michael Ermrich, in seiner Funktion als Aufsichtsratsvorsitzender der kommunalen Bahngesellschaft HSB mit Sitz in Wernigerode.

»Die gestern getroffenen Aussagen der Ministerien in Hannover und Magdeburg sind für uns zum jetzigen Zeitpunkt nachvollziehbar. Wir stehen dem Projekt jedoch auch weiterhin aufgeschlossen gegenüber«, bekräftigte Dr. Ermrich den Willen des Aufsichtsrats der HSB, auch zukünftig entsprechend gesprächsbereit zu sein. Wie er weiter ausführte, bleibe das Projekt nach wie vor von großer Bedeutung für die touristische Entwicklung der gesamten Harzregion. Man werde sich mit dem Thema in der nächsten Aufsichtsratssitzung beschäftigen und weiterhin den Kontakt zu den Ländern bei der Suche nach Wegen zur Realisierung aufrechterhalten.   HSB/pr.

Langer, strenger Winter 2009/2010

Nachdem in der Nacht zum 12.2.2010 vierzig Zentimeter

Oben: *99 7239 fährt in den Bf. Wernigerode-Westerntor ein.*
Mitte: *99 5902 am 6.3.2010 in Wernigerode »An der Malzmühle.«*
Unten: *99 5901 wird am 28.1.2010 im Bf Wernigerode-Westerntor zum Abtransport nach Meiningen verladen.*
      Fotos (3): Jürgen Steimecke

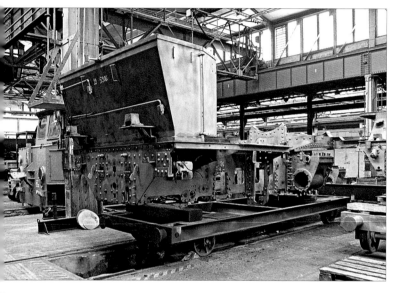

Oben und Mitte: *99 5906 am 6.2.2010 zerlegt im Dampflokwerk Meiningen.*
Unten: *99 7235 am 8.12.2009 während der Hauptuntersuchung in der HSB-Werkstatt in Wernigerode-Westerntor.*

Neuschnee gefallen waren, mussten die HSB den Betrieb auf der Brockenbahn einstellen.

99 5901

Am 28.1.2010 wurde die Malletlok 99 5901 von Wernigerode aus in das Dampflokwerk Meiningen zur Aufarbeitung gebracht. Der Transport von Bahnhof Wernigerode-Westerntor aus geschah auf einen Tieflader der PRESS.
Jürgen Steimecke

99 5906

Die Malletlok 99 5906 befand sich Anfang 2010 zur Hauptuntersuchung im Dampflokwerk Meiningen. Selten kann man unter die Verkleidung einer Mallet-Gelenklokomotive zu schauen. Der zweigeteilte Rahmen war von allen Aufbauten befreit. Hinter- und Vorderrahmen lagen vor ihrer Komplettierung beieinander in der Montagehalle in Meiningen. Inzwischen befindet sich die Hauptuntersuchung in der Endphase. Das Fahrwerk und die Vorder- und Hinterwagen der Malletlok wurden schon lackiert sowie der Kessel (Baujahr 1918) zum Aufsetzen vorbereitet. Bei Escheinen dieses ZSB-Bandes dürfte die Lok bereits wieder betriebsfähig sein.
Jürgen Steimecke

Personenwagen KBWR 900-483 mit Werbung für die Rockoper »Faust«.   Fotos (2): Jürgen Steimecke

99 7235

Die Lok war zu einer Hauptuntersuchung am Fahrwerk. Die Rauchkammer sollte gleichfalls mit erneuert werden.   *Jürgen Steimecke*

Personenwagen KBWG 900-483

Der im Jahr 1926 durch die Wismarer Waggon-baufabrik an die Nordhausen-Wernigeroder Eisenbahn (NWE) gelieferte Schmalspurperso-nenwagen war Bestandteil einer Serie von acht Dritter-Klasse-Wagen. Der durch die NWE mit der Nummer 37 eingruppierte Personenwa-gen wurde 1950 durch die damalige Deutsche Reichsbahn (DR) zunächst als KB 10.137p und ab 1958 in das neu entstandene DR-Nummern-schema als KB4ip 900-483 aufgenommen.
Bereits im Jahr 1985 wurde durch die DR der Wagenkasten grundlegend restauriert und somit für die kommenden Jahre den Bedürf-nissen angepasst. Durch die Harzer Schmal-spurbahnen GmbH (HSB) erhielt der Perso-nenwagen 2006 eine neue, moderne und der jetzigen Zeit entsprechende Inneneinrichtung. Um mehr Komfort zu schaffen, wurde die To-ilettenanlage ausgebaut. Die bisherigen mit Kunstleder bezogenen Polstersitze wurden mit dem heute üblichen Veloursstoff bezogen. Seit dem Jahr 2008 ist der so modernisierte Personenwagen als HSB Gesellschaftswagen mit dem Kürzel KBWG sowie der bisherigen

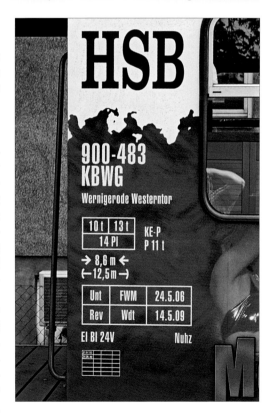

Beschriftung vom KBWR 900-483.

Betriebsnummer 900-483 im Einsatz. Anläss-lich der Rockoperaufführung Faust Teil II auf dem Brocken erhielt der Gesellschaftswagen im April 2010 eine ganzseitige, werbewirksa-me Seitenwandwerbung.   *Jürgen Steimecke*

Der Umbaufahrradwagen 905-157 (2).   Foto: Jürgen Steimecke

Neuer Fahrradwagen 905-157

Am 20.10.2009 wurde vom Fahrzeugwerk Miraustraße Berlin, Standort Hennigsdorf, der von den Harzer Schmalspurbahnen GmbH in Auftrag gegebene offene, zweiachsige Fahrradwagen geliefert. Der Ursprungswagen für dieses Umbaufahrzeug wurde 1909 durch die Waggonbaufirma Görlitz in Rahmen einer Serie von 15 gedeckten zweiachsigen Güterwagen gebaut und an die Nordhausen-Wernigeroder Eisenbahn (NWE) als Gm NWE 340 geliefert. Mit der Verstaatlichung der Privatbahnen in der ehemaligen DDR wurde der gedeckte Güterwagen zunächst als 10.420p in das neu entstehende Nummernschema (1949-1957) der Deutschen Reichsbahn übernommen. Ab dem Jahr 1957 wurde der ehemalige NWE Güterwagen als DR Gw 99-02-12 in den Fahrzeuglisten der DR geführt. Durch den Wiederaufbau der Strecke Stiege-Straßberg, in den Jahren 1983-84 erfolgte eine grundlegende Umlenkung der Verkehrsströme im Güterverkehr, was zu einer Freisetzung an eigenen Schmalspurgüterwagen führte. Der eingeführte Rollwagenver-

kehrs (ab Nordhausen) auf der Selketalbahn ermöglichte es, das Frachtgut ohne zusätzliches Umladen (in Gernrode) vom Absender bis zum Empfänger zu verschicken. Ab 1984 wurden die nicht mehr benötigten Güterwagen zunächst abgestellt bzw. verschrottet. Beim Gw 99-02-12 sowie weiteren sieben gedeckten Güterwagen führte diese Abstellung zu einem ersten grundlegenden Umbau zum Schmalspurgepäckwagen. Im Juli 1989 wurde der ehemalige Güterwagen 99-02-12 als so genanntes Rekofahrzeug mit der neuen Betriebskennzeichnung KDaai 905-157 (zweiachsiger Gepäckwagen für Reisezüge) durch das Reichsbahn Ausbesserungswerk Wittenberge/Perleberg für die Harzquerbahn an die DR abgeliefert.

Nach nunmehr fast zwanzigjährigem Einsatz als Reisezuggepäckwagen erfolgte wiederum eine grundlegende Umnutzung dieses Waggons. Im Auftrag der Harzer Schmalspurbahnen GmbH wurde der Gepäckwagen durch das Fahrzeugwerk Miraustraße Berlin zu einem offenen Fahrradtransportwagen umgebaut. Im Winterhalbjahr 2009-10 erfolgten in der zentralen Werkstatt der Harzer Schmalspurbahnen GmbH die notwendigen Restarbeiten. Noch rechtzeitig zum Fahrplanwechsel (Sommerfahrplan) steht mit dem Abnahmedatum 23.04.2010 den Harzer Schmalspurbahnen ein neues und den individuellen Radtourismus förderndes Fahrzeug zur Verfügung.

Jürgen Steimecke

Alle Jahre wieder

Die Harzer Eisenbahnfreunde, welche sich seit 1990 in der Interessengemeinschaft Harzer Schmalspurbahnen e.V. (IG-HSB) organisiert haben, organisierten 2010 zum zwanzigsten Mal die alljährlich am 30. April stattfindende Walpurgisfahrt von Wernigerode nach Schierke und zurück. Zu dieser am Fuße des sagenumwobenen Brockens stattfindenden Walpurgisfeier reisen aus nah und fern jährlich tausende Gäste an.

Jürgen Steimecke

Oben:
Der ehemalige gedeckte Güterwagen Gw 99-02-12 wurde....
Mitte:
...1989 zum Gepäckwagen KDaai 905-157 umgebaut. 2010 entstand auf dem Fahrwerk dieses Wagens der Umbaufahrradwagen 905-157 (2).
Unten:
99 7235 mit dem Walpurgiszug am 30.4.2010 In Wernigerode auf der Westerntorkreuzung.

Fotos: Zieglgänsberger/ Sammlung Jürgen Steimecke und Jürgen Steimecke.

Lokalbahnen in Österreich

Niederösterreich

Nach fast dreißigjährigem Streit zwischen dem Bundesland Niederösterreich und den Österreichischen Bundesbahnen, wer wie viel für den Betrieb auf Nebenbahnen bezahlen soll, war im Jänner 2010 der Tagespresse zu entnehmen, dass Landeshauptmann Erwin Pröll, Infrastrukturministerin Doris Bures und ÖBB-Vorstandssprecher Peter Klugar einen geschlossenen Kompromiss vorgestellt haben, nach dem das Bundesland ab 1.1.2011 etwa 600 km ÖBB-Strecken mit Grundstücken und Bahnhofsgebäuden übernehmen wird, zu denen auch die schmalspurigen Strecken von Mariazellerbahn, Waldviertelbahnen und Ybbstalbahn gehören. Das Bundesland Niederösterreich wird ein Nahverkehrskonzept ausarbeiten. Eine landeseigene Eisenbahngesellschaft wird den Bahnbetrieb führen.

Dr. Stefan Lueginger

ÖBB-Ybbstalbahn

Für den verbleibenden Rest der Ybbstalbahn von Waidhofen nach Gstadt soll in Zukunft mit den Triebwagen der Baureihe 5090 das Auslangen gefunden werden. Das letzte planmäßig mit Lok bespannte Zugpaar verkehrte am 11. Dezember 2009 als Schülerzug mit Diesellok 2095 010 und sechs vierachsigen Reisezugwaggons.

Mit der Umstationierung von Lokomotiven der Reihe 2095 von Waidhofen a.d. Ybbs nach St. Pölten wurde bereits begonnnen.

Philipp Mackinger

Schafbergbahn: *Die SLM-Prototyplok Z 11 bringt zur Adventfeier 2009 zwei Vorstellwagen durch den winterlichen Wald zur Dorneralpe.* *Foto: Gunter Mackinger*

Oben:
ÖBB-Ybbstalbahn: 2095.10 mit Schülerzug vor der Abfahrt in Gstadt.
Foto: Philipp Mackinger

Mitte:
Schafbergbahn: Die 1873 gebaute MS »Kaiserin Elisabeth« passiert zum Advent 2009 die große im Wolfgangsee verankerte Laterne vor St. Wolfgang Markt. Foto: Gunter Mackinger

Unten:
Pöstlingbergbahn: Linz Urfahr, Schleife Landgutstraße: am 18.3.2010 mit Nostalgietriebwagen 6 der Linzer Straßenbahn neben dem ersten Nostalgie-Umbautriebwagen VIII der Pöstlingbergbahn. Die Änderungen am Fahrgestell und beim Stromabnehmer gegenüber der ursprünglichen Bauart sind deutlich wahrnehmbar, aber erträglich. Kasten und Inneneinrichtung wurden vorbildlich restauriert.
Foto: Dr. Stefan Lueginger

Salzkammergutbahn GmbH
Wolfgangseeschifffahrt & Schafbergbahn

Erstmals fuhren im Advent 2009 die Züge der Schafbergbahn bis zur Ausweiche Dorneralpe auf knapp über 1000 m Seehöhe. Dort war der Vorstellwagen Bz 102 als fahrbares Adventhäuschen stationiert. Hunderte Besucher nutzten an den vier Wochenenden die wildromantische Fahrt durch den verschneiten Schafbergwald.

Auch bei der Schifffahrt der SKGB herrschte Hochbetrieb. Tausende Gäste nutzten die Linienschiffe zum Besuch des

Schafbergbahn: Z14, heuer erstmals in roten Anstrich, am 1.5.2010 in der Ausweiche Schafbergalm. Gut sichtbar der neue/alte Dachstuhl des Bahnhofgebäudes Foto (2): Gunter Mackinger

Wolfgangseer Advents in St. Gilgen, Strobl und St. Wolfgang.

Am 1.5.2010 begann auf Wasser und Schiene die Saison 2010. Für die Zahnradbahn ist dieser Sommer vor allem geprägt durch umfangreiche Arbeiten zu Erneuerung der 117 Jahre alten Infrastruktur. Diese Arbeiten werden ohne Beeinträchtigung der fahrplanmäßigen Fahrten durchgeführt. Das ist eine beachtliche betriebliche und logistische Herausforderung für eine eingleisige Gebirgsstrecke mit Taktfahrplan. Im Zuge dieser Sanierungen wurde als eine der ersten Maßnahmen die Galerie im Bereich der Ausweiche Schafbergalpe abgetragen. Das Bauwerk wurde in den 1960er Jahren errichtet und trug nicht zum Schmuck dieses hochgelegenen Kreuzungsbahnhofs bei. Der Hang wird nun mittels Steinschlichtung gesichert. Das kleine Bahnhofsgebäude soll wieder

Schafbergbahn: Der Blick vom seinerzeitigen Standort der abgetragenen Betongalerie auf die Ausweiche Schafbergalm mit VTz 22 im Dezember 2009 im Neuschnee. Die Renovierung des Bahnhofsgebäudes hatte noch nicht begonnen.

im alten Glanz von 1893 entstehen, und wie bereits vor ca.
100 Jahren wird ein Holzsteg
die Bahntrasse überbrücken.
Außerdem werden die beiden
Tunnels erweitert.

Gunter Mackinger

Steyrtal-Museumsbahn

Traditionellerweise ist über
Weihnachten und Neujahr bis
zum Dreikönigstag Hochbe-
trieb im Steyrtal. Die Züge sind
gut besucht, und viele Foto-
grafen säumen die Strecke. Da
ich kurzfristig erfahren hatte,
dass Doppeltraktion angesagt
war, bin ich am 5.1.2010 nach
Grünburg gefahren. Dort habe
ich etwas mitgeschaufelt am
Kohlenhaufen, gemeinsam
mit dem Direktor der Linzer
Universität, der an diesem Tag
»Chef vom Dienst« im Steyrtal
und gleichzeitig Heizer auf der
298.106 war.
Die große Remise in Grünburg
ist ja schon samt Drehscheibe
fertig, auch die Gleisanlagen
sind wieder instand gesetzt.
Damit können alle Lokomotiven und Draisinen geschützt
abgestellt werden.
In Aschach wurde eine ehe-

Steyrtal-Museumsbahn
Oben:
298.52 und 298.106 in Grün-
burg.
Mitte:
298.106 auf der Steyrbrücke
von Waldneukirchen.
Unten:
298.106 (Lok Nr. 6 KLAUS) und
298.52 vor dem Nachmittags-
zug von Steyr-Lokalbahnhof
nach Grünburg.

Fotos (3) vom 5.1.2010:
Dr. Stefan Lueginger

Steyrtal-Museumsbahn: Bahnhofsverschub mit 298.106 und 298.52 am 5.1.2010 in Grünburg.
Foto: Dr. Stefan Lueginger

malige Fahrzeughalle vom Flughafen Schwechat aufgestellt. Hier sind künftig vier Gleise mit einer Länge von jeweils etwa 50 Metern unter Dach vorhanden. Damit können einerseits die meisten historischen Fahrzeuge sicher untergestellt werden und andererseits ist damit auch ein geschützter Bereich für kleine Arbeiten an den Waggons vorhanden. Außerdem wird dann endlich das Ausweichgleis in Waldneukirchen frei.

Der nächste Schritt ist dem Oberbau gewidmet. Dann werden wohl die denkmalgeschützten Gebäude wieder einmal hergerichtet werden müssen. Insgesamt aber kann gesagt werden, dass die Steyrtal-Museumsbahn für die nächsten 20 bis 25 Jahre gesichert ist. Nachwuchs ist auch vorhanden, etliche jüngere Mitglieder aus der Region sind mit Begeisterung bei der Sache. *Dr. Stefan Lueginger*

STLB-Murtalbahn / Club 760

Am 9.12.2009 wurde in Frojach von der STLB-Diesellok VL 13 die Dampflok 73-019 des Club 760 aus der Fahrzeughalle geholt und nach Unzmarkt verbracht, wo die Lok auf den Tieflader der PRESS verladen wurde, um anschließend zur Aufarbeitung/HU nach Ceske Velenice zu gelangen.

Der Tieflader hatte zuvor die Dampflok Mh.6 der ÖBB von Meiningen nach Ober Grafendorf verbracht. In Ceske Velenice soll die Lok 73-019 (ex JZ) betriebsfähig aufgearbeitet werden, um anschließend auf der SLB-Pinzgauer Lokalbahn vor »Dampf-(Eil)-Zügen« zum Einsatz zu kommen.

Für mich war erfreulich, dass bei der gleichen Aktion meine beiden Güterwagen G 165 (Bj. 1908) und K 555 (Bj. 1894) nun bis auf weiteres in der Fahrzeughalle Frojach eingestellt wurden. Offenbar hat es mit der Länge der beiden Wagen gerade so um Haaresbreite geklappt. Über den Winter war es sehr gut, dass diese beiden aufgearbeiteten Fahrzeuge nicht im Freien stehen mussten. Mittelfristig hoffe ich immer noch, irgendwann im Bereich Murau eine Unterstellmöglichkeit schaffen zu können. *Dr. Markus Strässle*

STLB-Murtalbahn/Club 760

Oben:
Zugkreuzung am 2.10.2008 mit VS 44 (vorn links) und VT 33 in Murau.

Mitte:
STLB-Diesellok VL 13 holt am 9.1.2009 die Dampflok 73-019 des Club 760 aus der Fahrzeughalle in Frojach.

Privatfahrzeuge von Dr. Markus Strässle

Unten:
Die Güterwagen G 165 und K 555 werden in der Fahrzeughalle Frojach untergestellt.

Fotos (3): Dr. Markus Strässle

Zeunert's Schmalspurbahnen im Internet: www.zeunert.de

SLB-Pinzgauer Lokalbahn aktuell

Teilinbetriebnahme

Am 9. Dezember 2009 konnte die zuständige Eisenbahnbehörde die schmalspurige Neubaustrecke der SLB-Pinzgauer Lokalbahn zwischen Mittersill und Bramberg abnehmen. Was viele nicht für möglich gehalten haben, wurde dann auch am 13.12.2009 mit dem Fahrplanwechsel 2009 Wirklichkeit. Die Salzburger Lokalbahn konnte ihre schmalspurige Neubaustrecke planmäßig und ohne Einschränkungen in Betrieb nehmen. Die 11 km lange Neubauteilstrecke ist zur Zeit für eine V/max von 80 km/h zugelassen. Sie verfügt über zwei Bahnhöfe (Dorf-Paßthurn und Bramberg) sowie fünf Haltestellen (Rettenbach, Hollersbach, Hollersbach-Panoramabahn, Mühlbach im Pinzgau und Wenns). Drei Eisenbahnkreuzungen sind technisch mit Lichtzeichenanlagen gesichert. Die Neubaustrecke wird in 16 Minuten durchfahren.

Ab 13.12.2009 gibt es einen 60-Minuten-Takt zwischen Zell am See und Bramberg sowie an Werktagen (montags bis freitags) einen weitgehenden 30-Minuten-Takt zwischen Zell a. See und Niedernsill. Erstmals war auch eine Fahrplanabstimmung mit dem bahnparallelen ÖBB-PostBus möglich. Der verkehrt neu um 30 Minuten versetzt zum Zug. Der Schienenersatzverkehr beschränkt sich bis Sommer 2010 auf die Strecke Bramberg-Krimml. Im September 2010 wirf mit der Fertigstellung der gesamten Neubaustrecke Mittersill-Krimml gerechnet.

Der Verkehr von Mittersill nach Bramberg entwickelt sich erfreulich. Die Schüler nutzen be-

Vs 82 + VSs 101 als behördlicher Abnahmezug am 29.12.2009 in Hollersbach-Panoramabahn.

Foto: Gunter Mackinger

Vs 51 (ex ÖBB 2092.02) am 23.2.2010 vor der Fertigstellung in der SLB-Werkstätte Zell am See.

geistert das modere Verkehrsmittel Eisenbahn.

Gunter Mackinger

Vs 82

Nur etwa 14 Tage vergingen zwischen Anlieferung und Abnahme bei der zweiten von Gmeinder gelieferten Diesellokomotive für die Pinzgauer Lokalbahn durch den zuständigen Sachverständigen. Die als Vs 82 in den Fahrpark der Salzburger Lokalbahn eingereihte Lokomotive entspricht weitgehend der 2007 an die ÖBB gelieferten 2096 001 - der heutigen SLB Vs 81.

Vs 51

Unter der Fabriknummer 4199 bei Gmeinder im Jahr 1944 für die Deutsche Wehrmacht gebaut, kam ÖBB 2092.02 Loko-

Vs 82 nach Bramberg und Vs 81 nach Krimml am 8.4.2010 bei der Taktkreuzung in Dorf - Passthurn.

Fotos (2): Gunter Mackinger

motive erstmals 1950 in Zell am See zum Einsatz. Obwohl seit Jahren nicht mehr in Betrieb, blieb sie im Bestand und wurde zum 1.7.2008 an die Salzburger Lokalbahn verkauft. Da für Zell a. See-Tischlerhäusl im Verschub eine leistungsfähige Rangierlok benötigt wird, fiel die Entscheidung für ihre Aufarbeitung. Neben

Regionalzug mit der neuen Vs 82 am 16.2.2010 bei Fürth-Kaprun vor der mächtigen Kulisse des über 3000 Meter hohen Kitzsteinhorns. Foto: Dr. Stefan Lueginger

Vs 82 mit Wendezug am 15.1.2010 in Fürth-Kaprun - ein Wintermärchen! Foto: Gunter Mackinger

Bürgermeister Walter Freiberger (links) und Lokalbahnchef Gunter Mackinger freuen sich am 19.12.2009 über das Neubauetappenziel Bramberg und die vielen Fahrgäste.

der Hauptuntersuchung und einem neuen Anstrich nach SLB-Norm erhält die aktuell einzig aktive HF 130 C auch erstmals eine Vacuumbremsanlage. Das wird künftig auch den Bauzugeinsatz ermöglichen. Rechtzeitig vor der Bausaison 2010 soll dieses Schmuckstück, jetzt als SLB Vs 51 bezeichnet, dem Betriebsdienst zur Verfügung stehen. Nach Fertigstellung der

Links: *Erstmals erreichte am 19.12.2009 mit Lok Mh3 ein Dampfzug den neuen Kreuzungsbahnhof Dorf Passthurn.* **Rechts:** *VTs 11 in der neuen Haltestelle Holersbach-Panoramabahn. Die Talstation der Seilbahn in die Schiregion Kitzbühel ist im Hintergrund zu sehen.*

Links: *SLB-VTs 11 am 6.12.2009 in Bramberg.* **Rechts:** *Die erste Kreuzung von zwei Wendezügen im Planbetrieb am 13.12.2009 in Dorf Passthurn - links Vs 81+VBs 202+VSs 102 nach Bramberg und rechts Vs 82+VBs 201+VSs 101 nach Zell am See.* Fotos (6): Gunter Mackinger

Lok soll auch die Vs 72 (ex ÖBB 2095 004) für den Einsatz im Pinzgau auf Hochglanz gebracht werden. Gunter Mackinger

Ehemalige bosnische 169 (spätere JZ 73.019)

Einer der Höhepunkte in der Entwicklung von Schmalspurlokomotiven für 760 mm-Bahnen war in den Jahren 1907-1913 die Lieferung von 23 Schnellzuglokomotiven durch Krauss/Linz und die Budapester Lokomotivfabrik an die Bosnisch-Herzegowinischen Landesbahnen in der alten Donaumonarchie. Drei Loks dieser 1C1-Schlepptendermaschinen sind bis heute erhalten geblieben, darunter die frühere bosnische 169 (später JZ 73.019). Diese Lok war bis ca. 1974 auf dem bosnischen Schmalspurnetz im Einsatz. 1982 gelang es in verdienstvoller Weise dem Club 760 dieses wertvolle Stück österreichischer Ingenieurskunst für das Ursprungsland zu sichern. Seit 1984 war die äußerlich aufgearbeitete Lok im Schmalspurmuseum Frojach an der Murtalbahn ausgestellt. Im Jahr 2009 konnten die Weichen für eine betriebsfähige Aufarbeitung gestellt werden,

Oben: Die ehem. bosnische 169 8.2.2010 bei ZOS Ceske Velenice.
Foto: Gunter Mackinger
Mitte: Vs 73 am 16.2.2010 in Zell am See-Tischlerhäus beim Aufschemeln.
Foto: Dr. Stefan Lueginger
Unten: Vs 73 mit einem aufgeschemelten Schiebewandwagen am 15.4.2010 nahe Niedernsill.
Foto: Gunter Mackinger

Vs 73 mit Güterzug am 16.2.2010 in Fürth-Kaprun.   Foto: Dr. Stefan Lueginger

Vs 73 rangiert am 15.4.2010 in Niedernsill.   Foto: Gunter Mackinger

Die Vs 73 (ex ÖBB 2095.06) vor einem Schotterzug westlich von Bramberg.   Foto: Walter Stramitzer

und gegen Jahresende wurde die Lok nach Ceske Velenice in das frühere Ausbesserungswerk Gmünd der Kaiser-Franz- Josef-Bahn überstellt. Dort hat mittlerweile die Aufarbeitung begonnen. Ein neuer Kessel kommt von einer Grazer Fachfirma. Ab Sommer 2011 soll dann diese 60 km/h schnelle Lok vor Dampfzügen der Salzburger Lokalbahn im Pinzgau zwischen Zell a. See und Krimml zum Einsatz kommen.   *Gunter Mackinger*

Güterverkehr

Für die Pinzgauer Lokalbahn konnten die SLB einen neuen Güterkunden gewinnen. Ein Altmaterial-Entsorger aus Uttendorf setzt wieder auf den Schienentransport. Am 9.4.2010 wurden die ersten drei Waggons (Eaos) aufgeschemelt in Uttendorf zur Beladung bereitgestellt. Auch aus dem Bereich der bis September 2010 fertig zu stellenden Neubaureststrecke Bramberg-Krimml gibt es bereits Anfragen für Gütertransporte.   *Walter Stramitzer*

Adventzug 2009

Nach bald fünf Jahren erreichte mit dem Adventzug auf der SLB Strecke Zell a. See.-- Mittersill-Bramberg und zurück am 19.12.2009

erstmals wieder ein Dampfzug das Smaragddorf Bramberg, kombiniert mit einer zusätzlichen Pendelfahrt. Der (fast) bis auf den letzten Stehplatz gefüllte Zug wurde mit der Mh 3 (ex ÖBB 399.03) und vier Stromlinienwagen gefahren. Erstmals seit Übernahme der Pinzgauer Lokalbahn durch die SLB wurde dabei ein typenreiner Wagenzug mit vierachsigen Reisezugwagen von einer Dampflok geführt. Die verschneite Landschaft am 4. Adventwochenende trug maßgeblich zur vorweihnachtlichen Stimmung bei Fahrgästen und Lokalbahnern bei. Genutzt wurde die Bahn auch zum Besuch des Adventmarktes in Mittersill.

Gunter Mackinger

Wintertourismus

In der Schweiz ist es selbstverständlich die Schmalspurbahnen für den Wintertourismus zu nutzen. In Österreich wurde das jedoch bisher eigentlich nur im Zillertal und im Murtal praktiziert. Nun wird dieser Verkehr auch im Pinzgau eingeführt. An der im Dezember 2009 errichteten Neubaustrecke Mittersill-Bramberg liegt die neue Haltestelle Hollersbach-Panoramabahn, welche sozusagen Tür an Tür den

Links: *Gleisstopf- und Planier-Maschinenpark, abgestellt am 12.5.2010 in Mittersill. Ganz vorn eine brandneue, umspurbare Maschine »metrico«.* Foto: Walter Stramitzer.
Rechts. *Sehr interessante Studie vom 8.4.2010 über die Ausführung des Gleisbetts bei Bramberg-Steinach.* Foto: Gunter Mackinger.

Links: *Die noch verbliebenen Gleisanlagen des alten Bahnhofs in Neukirchen werden abgetragen.*
Rechts: *Hier entsteht der neue Bahnhof Neukirchen am Großvenediger mit Ladegleis.*
Fotos (2) vom 8.4.2010: Gunter Mackinger

Links: *Gleisbogen mit schwerem Schienenprofil und Betonschwellen (5.5.2010).* **Rechts:** *Gleisbau am 12.5.2010 im Hp Bramberg-Steinach.* Fotos (2): Walter Stramitzer.

Einstieg der Wintersportler in das Schivergnügen der Kitzbühler Sportwelten erlaubt. Schipässe gelten als Ticket für die Lokalbahn, ein Service, der überraschend von hunderten Sportlern gerne genutzt wird. Die Salzburger Lokalbahn hat umgehend auf die gute Annahme des Angebotes reagiert. Die nachgefragtesten Zugverbindungen werden mit den niederflurigen Neubauwendezügen geführt. Künftige Seilbahnprojekte im Oberpinzgau sollen ebenfalls an die Lokalbahn angebunden werden, wobei ein einheitliches Tarifsystem wird angestrebt. *Gunter Mackinger*

Nationalparkzug

Am 1. Mai 2010 startete der »Nationalparkzug« in seine neue Saison. Zuglok war die schon als historisch zu bezeichnende 2095.001. Sie zog den Zug mit historischen Wagen und Fahrradbeförderung. Jeden Samstag, Sonn- und Feiertag macht er sich auf den Weg nach Bramberg.

Walter Stramitzer

Oben:
Vs 73 (ex ÖBB 2095 006) vor einem Schotterzug westlich von Bramberg.
Foto: Walter Stramitzer

Mitte:
Nationalparkzug-Personenwagen S.L.B. BD/s 353
Foto: Dr. Stefan Lueginger

Unten:
Nationalpark-Fahrradwagen S.L.B. G/s 601.
Foto: Dr. Stefan Lueginger

Die historische 2095.01 am 1.5.2010 an der Halte- und Ladestelle Walchen vor dem Nationalparkzug mit Fahrradbeförderung. Foto: Walter Stramitzer

Neue Betriebswerkstätte

Noch im April 2010 begannen die Bauarbeiten für die neue Betriebswerkstätte am SLB Standort Zell a. See-Tischlerhäusel. Es entsteht eine moderne Werkstatthalle im Anschluss an die jetzige Wartungshalle sowie die Unterstellmöglichkeit für die Reisezugwaggons. Bereits im Winter 2010/2011 sollen moderne und historische Waggons durch ein Dach geschützt sein.

Auch die Lokomotiven und Triebwagen sollen unter zeitgemäßen Bedingungen ge-

wartet und revidiert werden können. Als erster Schritt wurden zur Freimachung des Baufeldes die Gleisanlagen abgetragen.

Gunter Mackinger

Gleisabbau in Zell am See-Tischlerhäusl für den Neubau der SLB-Betriebswerkstätte.
Foto (15.4.2010):
Gunter Mackinger

Kleine Schritte

Nicht nur die großen Schritte sind für den Erfolg einer Eisenbahn maßgebend. Vielfach steckt im Detail der Zukunft! Das gilt neben dem Wiederaufbau der Strecke Mittersill - Krimml der SLB-Pinzgauer Lokalbahn auch für zahlreiche Begleitmaßnahmen auf der Bestandsstrecke, beispielsweise der Abriss des baufälligen Bahnhofsgebäudes in Stuhlfelden, das durch eine landschaftsangepasstes Wartehäuschen ersetzt wurde. *Gunter Mackinger*

Weiterbau

Wie geplant starteten Anfang Mai 2010 die Arbeiten zur Gleisverlegung im zweiten Bauabschnitt zum Neubau des Streckenabschnitts von Bramberg bis Krimml. Werktäglich sind wieder zahlreiche Bauzugfahrten erforderlich. Die 14 km lange Neubaustrecke wächst zügig. In wenigen Wochen wird der neue Kreuzungsbahnhof einschließlich Ladestelle in Neukirchen a. Großvenediger erreicht sein.
Walter Stramitzer

Oben: Das neue Wartehäuschen in Stuhlfelden (15.4.2010). Mitte: Das Bahnhofgebäude Uttendorf wurde von Jugendlichen verwüstet. Die ausgeforschten Täter nutzten die Osterferien 2010 um ihre Tat wieder gut zu machen - das Ergebnis überzeugt! Unten: Vs 81 mit Wendezug am 24.12.2009 in der Haltestelle Wenns. Die »80« signalisiert die hier zulässige Höchstgeschwindigkeit. Das Signal auf dem Dach zeigt wartende Fahrgäste an. Fotos (3): Gunter Mackinger

ZB Zillertalbahn kompakt

Geburtstagfeier

Herr Eisenbahndirektor DI Wolfgang Holub feierte am 7. Mai 2010 im Kreis seiner Mitarbeiterinnen und Mitarbeiter sowie viel Prominenz aus Politik, Wirtschaft und Eisenbahnwesen seinen 60. Geburtstag. Als Sohn des seinerzeitigen Werkstattleiters der Zillertalbahn in Jenbach aufgewachsen, prägt Dir. Holub seit bald drei Jahrzehnten maßgeblich die Entwicklung dieser Schmalspurbahn zum modernen Eisenbahnbetrieb. Untrennbar sind mit seinem Namen der zweigleisige Ausbau von Teilstrecken, das neue Zugleitsystem, eine neue Fahrzeuggeneration und der 30-Minuten-Takt, aber auch die Liebe zur Dampflok (die Zillertalbahn unterhält fünf betriebsfähige Dampflokomotiven) verbunden. Alle Gratulanten waren sich in dem Wunsch einig, dass Dir. Holub noch viele aktive und kreative Jahre an der Spitze der Zillertalbahn vergönnt sein mögen.

Gunter Mackinger

Verschublok D 12

Nach der HU (Hauptuntersuchung) mit Kompletttausch des Motors und sonstigen umfangreichen Instandsetzungsarbeiten konnte 2009 die Diesellokomotive D12 (Baujahr 1960) wieder in Betrieb genommen werden.

Triebwagen VT 6

Bereits 2008 wurde mit der Rundumerneuerung des Triebwagens VT 6 (Jenbacher Transportsysteme, Bj. 1992) in der eigenen Bahnbetriebswerkstätte begonnen und im Oktober 2009 mit Anpassungen an das neue Fahrzeugdesign abgeschlossen.

Folgende Einrichtungen wurden um- bzw. eingebaut:

1) Einbau Zugleitsystem mit Zugzielanzeiger innen und außen.

2) Neue Bestuhlung mit Armlehnen und Kopfstützen nach Vorbild der Neubauwagen der Marke Kieltrend, jedoch

Der ZVB-Aufsichtsrat gratuliert Direktor DI Wolfgang Holub (Mtte) zu seinem 60. Geburtstag. Foto: Gunter Mackinger

Verschubdiesellok D 12 nach der Generalüberholung, bei der sie auch neu motorisiert wurde.

Diesellok D 10 mit einem neuen Container-Transportwagen.   *Fotos (2): ZB/pr.*

36 Zeunert's Schmalspurbahnen

aufgrund der Innenfarbe gelb mit roten Polstern.

3) Mehr Sitzkomfort für die Fahrgäste durch neuen Sitzabstand von 1650 mm.

4) Neue Fahrgastraumheizung mit neuer Belüftung.

5) Neuer Bodenbelag.

6) Neuer Schallschluckholzboden.

7) Nischen für Koffer mit Klappsitzen im Bereich der Einstiege.

8) Überholung aller Aggregate.

9) Neue Einbauten im Führerstand.

10) Einbau einer temperaturgeregelten, vollautomatischen Klimaanlage im Führerstand für den Lokführer.

Somit entspricht auch dieser Triebwagen dem neuen gehobenen ZB-Standard.

BD4 42 bekam Neulack

Der aus dem Jahre 1984 stammende Mittelwagen BD4 42 wurde in der eigenen Bahnbetriebswerkstätte der Zillertalbahn in Jenbach dem neuen ZB-Design angepasst.

Ein Güterzug der Zillertalbahn ersetzt zehn Gigaliner auf der Strasse

Da es eine der Kernaufgaben der Zillertalbahn ist, den Straßenverkehr im Tal zu entlasten, gehört neben dem Halbstundentakt im Personenverkehr auch die Optimierung

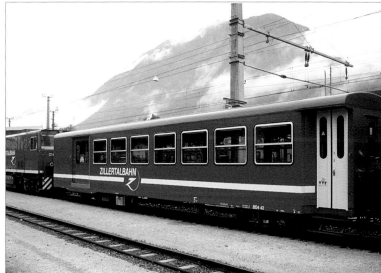

Oben: VT 6 nach der Generalüberholung vor der Werkstätte in Jenbach.

Mitte: Personenwagen BD4 42 erhielt den Anstrich im neuen ZB-Design.

Unten: Der neue Motor der revidierten Verschubdiesellok D 12. Foto (3): ZB/pr.

Lok 3 am 16.6.2009 mit Dampfsonderzug beim Bahnhof Straß im Zillertal. Foto: Dr. Stefan Lueginger

im Güterverkehr. Überall in Europa wird über die neuen »Gigaliner«, Lkws mit 60 Tonnen Gesamtgewicht, diskutiert. Unabhängig davon, dass die meisten Straßen und Brücken diesen Giganten des Asphalts nicht gewachsen sind, werden neue Gefahren durch den Betrieb solcher Monster-Lastkraftwagen befürchtet.

Hier zeigen sich die Vorteile der Eisenbahn. Die Zillertalbahn fährt schon seit langem mit Güterzügen, die zehn solche Riesen Lkws ersetzen können. Aber auch in Zukunft wird mit den ZB-Partnern, der Fa. Holz Binder und den ÖBB, daran gearbeitet, vermehrt Güter auf die Zillertalbahn zu verlagern. Daher wurde ein neuartiges Transportsystem für den Transport von Containern für die Schmalspur der Zillertalbahn entwickelt mit dem Ziel, als ersten Schritt die Hackschnitzeltransporte zwischen Fügen im Zillertal und Hallein in Salzburg komplett auf der Schiene zu transportieren. Dazu sollen zukünftig die Container in Jenbach zwischen den ÖBB-Normalspurwagen und den Schmalspurwagen umgeladen und mit drei Zügen am Tag zwischen Jenbach und Fügen fernab der Straße transportiert werden.

Zum Start des Probebetriebes fehlen derzeit nur noch die Genehmigungen der ÖBB für die Containerumschlaganlage in Jenbach. Sollte das System wie erwartet erfolgreich sein, so ist es zukünftig auch vorstellbar, andere Containertransporte im Zillertal auf der Bahn durchzuführen. Damit kann, auch ohne »Gigaliner«, durch optimierte Bahnsysteme die Straße weiter entlastet werden.

Neue Bahnhaltestelle Ried im Zillertal

Die Bahnhaltestelle in Ried im Zillertal wurde mit einem neuen, in der betriebseigenen Bahnerhaltungswerkstätte entworfenen und gefertigten Wartehaus mit der Einrichtung »Halt auf Verlangen« und Fahrradständer ausgestattet.

Neues Fahrgastinformationssystem

Um den Fahrgästen ein den modernen Bedürfnissen angepasstes Fahrgastinformationssystem anbieten zu können, wurde vom VVT tirolweit ein neues »Dynamisches- Fahrgast-Informationssystem« (mit sogenannte DFI-Anzeigern) entwickelt und nach einer speziellen Anpassung auf die Bahn auf allen Bahnhöfen und Haltestellen der Zillertalbahn installiert.

D 16 mit BD4 40 + B4 33 + VS 5 am 28.8.2007 vor Schloss Rotholz.　　　　　　　*Foto: Dr. Stefan Lueginger*

Diese geben Auskunft, wann der Bus oder Zug kommt. Dieses System wird natürlich auch für Busse von Drittanbietern zur Verfügung gestellt. Der Fahrgast soll wissen, wann sein nächstes Verkehrsmittel kommt. Der Endausbau dieser Anzeiger soll dann jedem Fahrgast diese Information auch in Echtzeit zur Verfügung stehen. Das bedeutet, dass die Fahrzeitinformation jedes einzelnen öffentlichen Verkehrsmittels laufend erfasst und an die jeweiligen Anzeiger an den Haltestellen weitergegeben werden muss. Da ein öffentliches Verkehrsnetz wie ein Spinnennetz funktioniert, muss ein zentrales System die eingehenden Standortmeldungen analysieren, die Prognose erstellen, wann welche Station erreicht wird und dann genau dem richtigen Anzeiger am richtigen Bahn-/Bussteig mitteilen, wann das nächste Fahrzeug kommt.

Wie das bei der Zillertalbahn funktioniert, soll hier kurz beschrieben werden. Die Daten der Züge werden über Funk an die Zentrale in Jenbach übermittelt. Von dort werden die Daten über Internetleitungen an den VVT in Innsbruck geschickt. Dort werden die Positions-meldungen mit dem Sollfahrplan verglichen und die Verspätungen berechnet. Diese Daten werden dann wieder über Internetleitungen dem Server der Zillertalbahn in Jenbach und von dort mittels Lichtwellenleiter an den jeweiligen Anzeiger in der Haltestelle übermittelt. Gleichzeitig erkennt der Anzeiger, ob ein Zug gerade einfährt oder gerade die Station verlassen hat und zeigt dies am Anzeiger an. Dieser ganze Ablauf dauert gerade einmal 5-6 Sekunden. Mit einem ähnlichen Verfahren werden auch die Daten der Busse übertragen. Die Fahrgäste sollen aber auch über aktuelle Störungen und Meldungen (z.B. Schienenersatz) jederzeit informiert werden können.

Als weiterer Schritt soll es allen Internetbenutzern möglich sein, die jeweils aktuellen Abfahrtszeiten eines Bahnhofes direkt abrufen zu können. Dafür wird auf der Homepage der Zillertalbahn ein spezieller Link eingerichtet, der die aktuellen Zeiten aller Bahnhöfe und Haltestellen der Zillertalbahn anzeigt. Der Link soll bis Sommer 2010 zur Verfügung stehen. Dieser Service wird schon jetzt vom VVT im Internet tirolweit angeboten (www.vvt.at). Als Endziel

der Fahrgastinformation sollen diese aktuellen Fahrzeiten dann auch über Mobiltelefone abrufbar sein. Der Fahrgast muss nicht wissen, wer der Busfahrer/Lokführer ist, sondern er muss nur wissen, wo er einsteigen will. Die Zillertaler Verkehrsbetriebe informieren ihn dann, wann sein nächster Anschluss kommt. Einfacher geht es wohl nicht mehr.

Sommerfahrplan der Dampfzüge 2010

Vormittagsdampfzug täglich vom 1. Mai 2010 bis 17. Oktober 2010:
ab JENBACH 10:35 Uhr
an MAYRHOFEN 12:05 Uhr
ab MAYRHOFEN 12:54 Uhr
an JENBACH 14:20 Uhr

Nachmittagsdampfzug täglich vom 29. Mai 2010 bis 5. September 2010 sowie an Freitag und Samstag vom 10. September 2010 bis 2. Oktober 2010:
ab JENBACH 15:35 Uhr
an MAYRHOFEN 17:05 Uhr
ab MAYRHOFEN 17:24 Uhr
an JENBACH 18:50 Uhr

Hölzertausch Zeller Brücke
Im Oktober 2009 wurden auf der Brücke bei Zell die alten Brückenhölzer ausgetauscht und anstatt der bisher ver-

Oben:
Die neu gestaltete Haltestelle Ried.

Mitte:
Fahrgastinformationsanzeiger im Bahnhof Ramsau-Hippach.

Unten:
Die Brücke bei Zell am Ziller erhielt neue Schienen und neue Brückenhölzer
Fotos (3): ZB/pr.

wendeten Schienen der Form XXIVa nun Schienen der Form S 49 eingebaut.

Gleisverlängerung im Anschluss Binder

Zur Verbesserung der Betriebsabwicklung wurden die Gleise der Anschlussbahn verlängert und mit neuen elektrisch gesteuerten Weichen ausgestattet. So ist es nunmehr möglich mit sechs Rundholzwagen die Firma Holz Binder in einem Zuge zu bedienen.

Neue Räderdrehbank

Am 4.11.2009 bekam die ZB eine neue Räderdrehbank. Sie wurde im Bahnbetriebswerk montiert und in Betrieb genommen. Die Räderdrehbank stammt von der französischen Staatsbahn und wurde durch deren Werksschließung in Lyon frei. Sie ist CNC-gesteuert und ermöglicht eine präzise und dabei schnellere Bearbeitung der bei der ZB immer größer werdenden Zahl an Radsätzen. Die Maschine steht an ihrem neuen Platz in der großen Mittelhalle des Bahnbetriebswerkstätte (BBW).

Die alte manuell zu bedienende Räderdrehbank Baujahr 1958 wird verkauft.   ZB/pr.

Oben: Gleisanschluss Binder in Fügen-Hart während des Gleisumbaus.
Mitte: Neue Gleisführung im Anschluss Binder. Rechts oben das Streckengleis nach Mayrhofen.
Unten: Nach Eintreffen der ex SNCF-Räderdrehbank in Jenbach wird sie auf einem Flachwagen in die Werkstätte gezogen.
                    Fotos (3): ZB/pr.

RhB

Rhätische Bahn spezial

ALLEGRA-Triebzug

Am 14.10.2009 hat der erste von 15 neuen Zweispannungstriebzügen der Reihe ALLEGRA das Werk bei der Stadler Altenrhein AG verlassen und wurde von der Rhätischen Bahn in Landquart feierlich empfangen. Er hat die Betriebsnummer ABe 8/12 3501. Im November 2009 folgte der ABe 8/12 3502.

Die erste Etappe des Flottenkonzepts der Rhätischen Bahn umfasst die Beschaffung von 15 dreiteiligen Zweispannungstriebzügen im Umfang von ca. 150 Millionen Franken. Die ersten fünf Züge werden bis April 2010 ausgeliefert und werden somit ab dem Fahrplanwechsel im Mai 2010 für eine erste deutliche

Entspannung der Betriebssituation auf der vor allem im Sommer sehr stark ausgelasteten Berninalinie sorgen. Dank des flexiblen Einsatzes werden diese Zweispannungstriebzüge auch auf der Arosalinie und auf der Linie Landquart-Davos-Filisur eingesetzt.

Der neue Zweispannungstriebzug ist nicht nur hochmodern, sondern verbirgt in seinem Inneren wesentliche Innovationen und viel Kraft. Die mehrsystemfähige Antriebsausrüstung bringt eine Leistung von 2,6 MW (zum Vergleich- die stärkste Elektrolok der RhB, die Ge 414 III, bringt es auf 3.2 MW). Ein weiteres Merkmal des neuen Triebzuges ist die hohe

ALLEGRA-ABe 8/12 in der Montebellokurve.   *Foto: Andrea Badrutt/©Rhätische Bahn, Chur*

ALLEGRA-ABe 8/2 im Engadin.   Foto: Andrea Badrutt/©Rhätische Bahn, Chur

Anfahrzugkraft von 260 kN, welche diejenige der Ge 414 III sogar um 30% übertrifft. Damit ist der ALLEGRA bezüglich Leistungsdichte, Leistungsfähigkeit und Gewicht ein weltweit einmaliger Meterspurtriebzug. Mit ihm schreiben die RhB, Stadler und die übrigen Lieferanten wahrlich Innovationsgeschichte, wobei es technisch besonders herausfordernd war, dieses Kraftpaket im beschränkten Platz unter dem Triebwagenboden zu »verstauen«, weil der Platz im Triebzug für Sitzplätze reserviert bleiben sollte. Dank dem gewählten Konzept und der entsprechend innovativen Umsetzung wurde dieses Ziel auch erreicht. Allein in den beiden Triebwagen konnten so 64 Sitze und 8 Klappsitze eingebaut werden.

Die neuen Triebzüge können den Stromsystemwechsel auch fahrend durchführen. Entsprechend entfällt zukünftig der Triebfahrzeugwechsel in Pontresina zwischen Stamm- und Berninalinie, was zu einer weiteren Reisezeitverkürzung führt. Die moderne Antriebsregelung sowie der Einzelachsantrieb stellen sicher, dass die Triebzüge mit schweren Anhängelasten und bei allen Witterungsbedingungen die Steigungen des RhB-Netzes bewältigen können.

Peter Spuhler, Inhaber und CEO der Stadler Rail Group, lobt die am Projekt beteiligten Ingenieure: »Ich bin stolz, dass wir in der Schweiz ein derartiges Know-how im Schienenfahrzeugbau wieder aufbauen konnten. Mit dieser Technik und Innovationskraft spielen wir in der Champions League«.

Der neue Triebzug ALLEGRA besteht aus zwei Trieb- und einem Zwischenwagen. Letzterer bietet dank Niederflurbereich einen bequemen Einstieg, behindertengerechte WC sowie Abstellplätze für Kinderwagen. In allen drei Gliedwagen sind auch Abstellvorrichtungen für Fahrräder eingebaut. Insgesamt bieten die Triebzüge in der 1. Klasse 24 und in der 2. Klasse 76 Sitzplätze sowie weitere Klappsitze und Stehplätze. Die Fahrgasträume sind vollklimatisiert und mit einem modernen Fahrgastinformationssystem mit Flachbildschirmen ausgerüstet.

Der ALLEGRA fällt nicht nur bezüglich Modernität, Komfort, Kundenfreundlichkeit und Sicherheit auf, auch sein äußeres Erscheinungsbild hebt sich von bestehenden Vorbildern ab. Auf seiner wuchtigen Stirnfront beeindruckt das Bündner Wappen. Der Steinbock symbolisiert das Selbstbewusstsein und das Bekenntnis der RhB zum Kanton Graubünden. Der untere Teil des Führerstands mit der zur Spitze laufenden

ALLEGRA-ABe 8/2 am Lago Bianco.   *Foto: Andrea Badrutt/©Rhätische Bahn,Chur*

Form und dem geraden, nach hinten gewölbten Führerstandsfenster verleiht dem Fahrzeug viel Eleganz. Gleichzeitig vermittelt das Design aber auch die Sicherheit und Kraft, welche im neuen Fahrzeug stecken. Ohne Zweifel wird der neue Zug (nicht nur) bei den unzähligen Eisenbahnfreunden im Fokus der Foto- und Filmobjektive sein.

Auch das Innendesign entwickelte sich aus dem Markenversprechen der RhB, als leistungsstarke Erlebnisbahn in den Alpen wahrgenommen zu werden. Als moderne Interpretation traditioneller Holzbauweise zieht sich die Oberfläche »Vrin« als Seitenwandverkleidung linear durch den gesamten Zug. Unterbrochen wird es von den Apparatekästen, die durch die Oberfläche »Vals« als unregelmäßig geschichtete Monolithen erscheinen.

Der Vorsitzende der RhB-Geschäftsleitung, Herr Erwin Rutishauser: »Die neuen Triebzüge sind in Technik und Design ein Quantensprung und entsprechen der Ausrichtung der Rhätischen Bahn als modernes, innovatives und auf den Kunden bezogenes Unternehmen«. Die Triebzüge werden als Zweispannungs- und Einspannungszüge in mehreren Etappen beschafft, so dass der Fahrgast auf weiten Teilen des RhB-Netzes in absehbarer Zeit ein erheblich attraktiveres Angebot genießen wird. Mit der gewählten Strategie können die ältesten Triebfahrzeugkategorien und die ältesten Reisezugwagen ausgemustert und Refitkosten in erheblichem Ausmaß vermieden werden. Zudem ermöglicht das Konzept, kostengünstiges und bestehendes Rollmaterial nachfragegerecht für den Spitzenverkehr einzusetzen und die Flotte merklich zu verjüngen. »Das Beschaffungsprogramm dient somit der dringend notwendigen Substanzerhaltung beim Rollmaterial – zum Wohle unserer Feriengäste und der treuen Kunden im Agglomerationsverkehr«.   *Peider Härtli/RhB/pr.*

Namensgebung der Zweispannungstriebzüge 3501-3505

ABe 8/12 3501 »Jan Willem Holsboer«

1834-1898, Gründer der RhB. Der niederländische Kapitän und Kaufmann übersiedelte 1867 mit seiner lungenkranken Frau nach Davos. Er wurde zu einer prägenden Persönlichkeit beim Aufbau des dortigen Kur- und Fremdenverkehrszentrums. Unter anderem stiess er den Bau der Eisenbahnlinie Landquart – Davos und damit die Gründung der Rhätischen Bahn an.

ABe 8/12 3502 »Friedrich Hennings«

1863-1945, Erbauer der Albulabahn. Der deutsche Bauingenieur war am Bau verschiedener

Bahnlinien in der Schweiz beteiligt, unter anderem der Gotthardbahn. Seine Projekte zeichneten sich durch eine sehr genaue Auseinandersetzung mit den natürlichen Verhältnissen der Landschaft aus. Als Oberingenieur war er 1898 – 1905 für den Bau der Albulabahn verantwortlich.

ABe 8/12 3503
»Carlo Janka«

Olympiasieger, geb. 1986. Der in Obersaxen aufgewachsene Carlo Janka ist einer der besten Skirennfahrer weltweit. 2009 wurde er Weltmeister im Riesenslalom und 2010 Olympiasieger in derselben Disziplin. Ausserdem gewann Janka den Gesamtweltcup der Saison 2009/10.

ABe 8/12 3504
»Dario Cologna«

Olympiasieger, geb. 1986. Der im Val Müstair aufgewachsene Dario Cologna ist der beste Schweizer Langläufer aller Zeiten. Er gewann 2009 als erster Schweizer sowohl die Tour de Ski als auch den Gesamtweltcup. 2010 wurde Cologna in Vancouver Olympiasieger über 15 km Freistil.

ABe 8/12 3501 traf als erster ALLEGRA am 14.10.2010 in Landquart ein. Man beachte die markante Stirnfront. Fot:o: RhB/pr.

ABe 8/12 3505 »Giovanni Segantini«

1858-1909, Maler. Der staatenlose, in Mailand ausgebildete Maler liess sich 1886 mit seiner Familie zunächst in Savognin, dann in Maloja und Soglio, nieder. Durch das klare Licht in den Bergen fand der Künstler zu seiner Bildsprache. Er gilt neben Ferdinand Hodler als Erneuerer der Alpenmalerei.

Zwei ABe 414 51-56 mit Zwischenwagen

Auf der Berninastrecke besteht eine Beschränkung der Anhänglast von 140 Tonnen. Dies bedeutet, dass maximal sechs Panoramawagen vom Typ Bernina befördert werden können, egal wie stark ein Triebfahrzeug gebaut wer-

den kann. Mit der Idee des dreiteiligen Triebzuges kann nun ein weiterer Personenwagen (zwischen den beiden Triebzügen) geführt werden, ohne die maximal zulässige Anhängelast zu überschreiten. Ein solcher Triebzug könnte auch aus bestehendem Rollmaterial formiert werden, nämlich aus zwei ABe 4/4 51-56 und einem Zwischenwagen.

Bezüglich der Entgleisungssicherheit bestehen mit der vorhandenen Zug- und Stossvorrichtung andere Voraussetzungen als bei den neuen Triebzügen. Um diese Risiken abschätzen zu können, wurden im November 2009 einige Versuche auf der Berninastrecke gefahren. Zur Abschätzung des Fahrverhaltens wurde der Hauptschalter des vorlaufenden Triebwagens in verschiedenen Situationen bewusst aus-

Ein ABe 4/4 51-56 + ein EW III 2461-2468 + ein ABe 4/4 51-56 mit 138 t Anhängelast während einer Versuchsfahrt auf der Berninastrecke.

Foto + Zeichnung: RhB/pr.

auch Aufnahmen bei trockenen Schienen in den Tunnels möglich. Bei den letzten Versuchen erfolgten Hauptschalterauslösungen bei maximaler Zugkraft in der maximalen Steigung und den engsten Kurven.

Die ersten Ergebnisse aus den Versuchsfahrten zeigen, dass die Bildung von Triebzügen aus vorhandenem Rollmaterial technisch möglich ist.

gelöst. Vier Kameras registrierten das Verhalten der kritischen Radsätze (Aufklettern der Spurkränze) sowie die Puffereinfederungen der Triebwagen und des leichten Zwischenwagens. Ein Recorder speicherte die Daten zur späteren Analyse. Dabei wurden die Risiken kontinuierlich gesteigert.

Dank Infrarot-Sensorik in den Kameras waren

Nach der endgültigen Analyse und Zusammenstellung der Vor- und Nachteile dieser Fahrzeugkonstellation wird die Geschäftsleitung über die Umsetzung entscheiden.

Leo Fäh/RhB/pr.

Berninabahn-Oldtimer ABe 4/4 I 31 ausrangiert

Die bevorstehende Auslieferung und Inbetriebsetzung der neuen Stadler-Zweistrom-Triebzüge ALLEGRA ABe 8/12 für Einsätze sowohl unter 1000 V DC (Bernina) als auch unter 11 kV AC (Stammnetz) veranlasste die RhB anfangs September 2009, den aufgrund eines Motorenschadens abgestellten Altbau-Triebwagen ABe 4/4 1 31 zum Abbruch freizugeben. Dieser Triebwagen diente bis zuletzt zusammen mit seinen vier Schwesterfahrzeugen (ABe 414 1 30, 32, 34 und 35) als eiserne Reserve, auf welche auch in der verkehrsstarken Sommer-Hochsaison 2009 immer wieder zurückgegriffen werden musste.

ABe I 31 + ABe II 49 + ABe II 51 (mit UNESCO-Werbung).

Foto: RhB/pr.

ABe 4/4 I 31 und 32 vor einem Sonderzug nahe der Station Miralago.   Foto: Bernd Backhaus †

Abgesehen von der Verschrottung des zuletzt als Hilfswagen Xe 414 9920 eingesetzten ehemaligen BCe 4/4 9 im Jahre 1998 ist es die erste Ausmusterung eines Triebwagens aus den Anfangsjahren der Berninabahn seit 32 Jahren.
Triebwagen 31 wurde 1908 als BCe 4/4 1 an die damals noch eigenständige Berninabahn (BB) abgeliefert. Nach der Fusion der BB mit der RhB anfangs 1940er-Jahre erfolgte 1947 eine gründliche Modernisierung in der RhB-Hauptwerkstätte Landquart, wo dem Triebwagen fortan mit der Nummer 31 immatrikuliert worden ist. Unter anderem ist die ursprüngliche Alioth-Direktkontroller-Steuerung durch eine von SAAS gelieferte Hüpfer-Steuerung ersetzt worden. Außerdem konnte die Leistung durch den Einbau von neuen Triebmotoren von 480 auf 540 PS erhöht werden.
Um den Triebwagen flexibel einsetzen zu können, wurde er mit einer Umschaltvorrichtung für wahlweise 1000 V/2400 V DC versehen, was einen Betrieb des Fahrzeuges auf der besonders im Winter hoch frequentierten, bis 1997

mit Gleichstrom gespiesenen Arosalinie ermöglichte.
Verbunden mit den Modernisierungsarbeiten erhielt der jetzt verblechte Wagenkasten anstelle des ursprünglich kanariengelb einen grün/cremefarbenen Anstrich. 1958 wurde Triebwagen 31 anlässlich einer weiteren Revision ganz grün gespritzt. 1964 folgte das für die RhB typische rote Farbkleid.
Um den Einsatz der ehemaligen BB-Triebwagen zu vereinfachen, wurden 1986/87 die Triebwagenpaare 30 und 34 sowie 31 und 32 mit einer Vielfachsteuerung ausgerüstet.
Mit der Ausrangierung des ABe 414 1 31 verschwindet zwar die geschichtsträchtige BB-Betriebsnummer 1, die Ära der Berninabahn-Triebwagen aus den Anfangsjahren ist damit aber noch nicht beendet, befinden sich doch immer noch sieben Stück im Fahrzeugpark der RhB. Dazu zählen nebst den genannten ABe 4/4 I 30 und 34 (historische Triebwagen) sowie 32 und 35 auch die drei Dienst-/Hilfstriebwagen Xe 414 9922-9924. *Christoph Benz/RhB/pr.*

70 Jahre Pullmanwagen bei der RhB

An der internationalen Fahrplankonferenz vom 10.-15. Oktober 1938 in Budapest offerierte Generaldirektor Windhoff von der Internationalen Speisewagen- und Schlafwagengesellschaft CIWL den Herren RhB-Direktor Branger und Betriebschef Lang vier bei der Montreux-Berner Oberland Bahn (MOB) nicht verwendete Pullmanwagen. Die Gesellschaft ließ die Fahrzeuge im Jahre 1931 von der Schweizerischen Industriegesellschaft in Neuhausen am Rheinfall (SIG) zum Preis von je 92853.00 Franken für den Einsatz in den »Golden Mountain Pullman Express« (Montreux-Zweisimmen (-Interlaken)) bauen. Wegen der Weltwirtschaftskrise kamen diese Luxuswagen nur im Sommer 1931 zum Einsatz und standen nachher vorwiegend in der Werkstätte Chernex abgestellt. Die CIWL offerierte alle vier Wagen zum halben Anschaffungspreis. Nach Besichtigung der Wagen durch die RhB in Chernex entschied die Direktion, diese an Stelle von Zweiachsern in den Bestand zu nehmen. Für die Anpassung an die Verhältnisse der RhB waren 17517.40 Franken pro Wagen nötig. Der Verwaltungsrat erteilte einen Kredit für den Kauf dieser vier Wagen und den Umbau durch die Hauptwerkstätte in Landquart. Die Überführung von Montreux nach Landquart erfolgte noch im Jahre 1939, während die Umbauarbeiten sich bis in das Jahr 1940 erstreckten.

Die freizügigere erste Klasse enthält zehn breite, einzelne Stühle und an jeder Wand einen Doppelsitz, also 14 Plätze, während die zweite Klasse sechs Einzel- und sechs Doppelstühle (18 Sitzplätze) aufweist. Wände und Decken sind in hellem Holz gehalten und mit Blumenintarsien versehen. Die Beschläge und die kleinen Gepäcknetze über den Fenstern sind aus Messing. Polsterüberzüge und die dazu passenden Teppiche geben dem Innern einen Hauch von Luxus aus der Zeit der »Belle Epoque« der späteren 1920er Jahre. Im Gegensatz zur weiss/dunkelblauen Lackierung mit den Emblemen und Aufschriften der CIWL erhielten die Wagen bei der RhB als erste den creme/grünen Anstrich und bescheiden die Initialen der RhB.

Die Pullmanwagen standen während der

Pullmanwagen As 1114 bei St. Moritz.

Pullmanwagen As 1144 in St. Moritz.

Pullmanwagen As 1145 in Poschiavo.
Fotos (3): RhB/pr.

Kriegsjahre der obersten Armeeführung unter General Guisan und seinem Stab zur Verfügung und kamen anlässlich von Inspektionsfahrten in Graubünden immer wieder zum Einsatz.

Nach dem Zweiten Weltkrieg setzte die RhB die Salonwagen teilweise im »Calais-Engadin Express« ein, welcher als Anschlusszug an den gleichnamigen Normalspurzug von Chur nach St. Moritz verkehrte. Um die nicht besonders guten Laufeigenschaften dieser Wagen zu verbessern, führte die HW Landquart im Jahre

1954 einige Anpassungen an allen vier Wagen durch. Die Drehgestelle erhielten Pendelwiegen zur besseren Abfederung. Um den Wagen ein ansprechenderes Aussehen zu verleihen, versteckte die HW die freistehenden Rahmen durch heruntergezogene Schürzen, wodurch sich die Proportion zwischen Fensterreihe und Untergurte verbesserte.

Nach der Zusammenlegung der beiden Polsterklassen wollte die RhB für ihre doch noch zahlreiche Kundschaft, welche die 1. Klasse benutzte, einen besonderen Service bieten und führten deshalb ab 3. Juni 1956 die Salonklasse ein. Die fünf Salonwagen, welche nun neu die Bezeichnung ASalon und die Nr. 1161 und 1241–1244 erhielten, fuhren während der Hochsaison in verschiedenen Zügen gegen Taxzuschlag in der neuen 1. Klasse. In der Mitte des Wagens über den Initialen und der Wagennummer stand groß »SALONWAGEN« angeschrieben. Auf diese Weise dienten sie noch viele Jahre auch Prominenten wie Farah Diba, Kaiserin von Persien, Mitgliedern des englischen Königshauses, Feldmarschall Montgomery, Herbert von Karajan, Louis Armstrong, Claudette Colbert, Fernandel und vielen anderen für Fahrten nach den Bündner Ferienorten.

Nach Ablieferung einer größeren Anzahl Erstklass-Einheitswagen waren die Salonwagen mit ihren schlechten Laufeigenschaften und den gefährlichen Seitentüren für den gehobenen Reiseverkehr nicht mehr geeignet. Das Aufkommen der Hobby- und Nostalgiewelle Anfang der 1970er Jahre rettete die Wagen vor dem Abbruch. Nachdem die MOB ihre beiden Salonwagen A 101 und 102 für Gesellschaftsfahrten gut einsetzen konnte, machte sich auch die RhB Gedanken, die Salonwagen entsprechend zu nutzen. Die Wagen erhielten Mitte der 1970er Jahre in der Hauptwerkstätte in Landquart die dringend nötige Erneuerung mit Torsionsstabdrehgestellen aus ausrangierten Personenwagen von 1913. An Stelle der schlecht funktionierenden und gefährlichen Seitentüren traten UIC-Falttüren zum Einbau, wie sie in den RIC-Wagen Am und Bm der SBB eingebaut sind,. Die HW frischte die Inneneinrichtungen auf und bezog alle Polstersitze und die Teppiche neu. Mit dem nun creme/wein-roten Anstrich mit goldenen Anschriften gleichen sie den TEE-Wagen. Seither standen sie über das ganze Jahr im Einsatz für Hochzeiten, Firmen- und Gesellschaftsausflüge, Jubiläumsveranstaltungen, Reisebüros usw. Oft werden sie alle zusammen mit einem oder zwei Speisewagen, geführt von einer Ge 6/6 I, auf dem Stammnetz eingesetzt. An Spitzentagen im Winter dienten sie als 1. Klassewagen.

In der zweiten Hälfte der 1990er Jahre stand wiederum entweder eine größere Erneuerung oder der Abbruch dieser schönen Wagen an. Eine Aufarbeitung hätte beinahe eine Million Franken pro Wagen gekostet, und sie diese nicht zum Kerngeschäft der RhB gehören, musste ein anderer Weg gesucht werden. Dank dem Verein »pro Salonwagen«, welcher vier Millionen Franken in Form von Sponsorgeldern auftrieb, baute die RhB-Werkstätte Landquart abermals die Wagen um und verpasste ihnen beinahe das Aussehen von 1931. Ihr Außenanstrich gleicht wieder den Pullmanwagen der CIWL, und in der Mitte des Wagens ziert das Emblem »Festina lente« die Fahrzeuge. Die beiden Wagen As 1141 und 1142 sind zusätzlich mit der Heizung für die Berninalinie ausgestattet, und die 1143 und 1144 mit einem Bremszahnrad für den Einsatz auf der MGB. Schließlich besitzt der As 1144 die spezielle Lasche für den Einsatz auf der Gornergratbahn.

Gian Brüngger/RhB/pr.

Modernisierung der RhB-Güterwagenflotte

Die Voraussetzungen im Transportgewerbe haben sich in den letzten Jahren stark verändert. Die Nachfragen nach Transportlösungen

Flachwagen für Holz- und Containertransport (Sgp 7601-7610).

Flachwagen mit klappbaren Stirn- und Bordwänden (Re-t 65401-65410). *Fotos (4): RhB/pr.*

Flachwagen für Holz- und ACTS-Behältertransport (Rp 65301-65305)

im kombinierten Verkehr Straße-Schiene sind stark gestiegen, und immer mehr Speditionsunternehmen drängen mit modernen und den Kundenbedürfnissen entsprechenden Fahrzeugen auf den Markt.

Die Rhätische Bahn als größtes Transportunternehmen im Kanton Graubünden will ihre Marktanteile im Güterverkehr nicht nur behalten, sondern weiter ausbauen. Mit der bestehenden Güterwagenflotte ist dies nicht möglich, denn viele Fahrzeuge haben ihren Lebenszyklus bereits mehr als überschritten. Um auf dem Markt weiterhin bestehen zu können, wurde 2006 die Modernisierung des Güterwagenparks in Angriff genommen.

Die Erneuerung umfasst einerseits die Ausmusterung von alten, unterhaltsintensiven, meist zweiachsigen Fahrzeugen und andererseits die Beschaffung von neuen, dem Stand der Technik entsprechenden, vierachsigen Güterwagen.

Der Aufbau der zu beschaffenden Güterwagen ist grundsätzlich identisch. Das Untergestell ist eine robuste Stahlkonstruktion, aufgesetzt auf zwei Drehgestellen des Typs TBT SS1000. Die Verbindung zwischen den Drehgestellen und dem Untergestell ist mittels Drehpfanne realisiert.

Über tiefer liegende, verzinkte Gitterroste ist die gesamte Wagenfläche begehbar. Im Bereich der Drehgestelle sind zum Schutz der Fracht Funkenschutzbleche angebracht. An beiden Stirnseiten sind Rangierplattformen mit klappbaren Haltestangen und Sicherheittritten angeordnet. Das Fahrzeug verfügt über eine automatische, dreistufige Vakuumbremse sowie eine Feststellbremse. Die Betätigungsorgane (Lastumstellhebel und Handräder) sind seitlich am Wagen angeordnet.

Tragwagen für ISO-Container und Wechselbehälter (Sb-t 65655-65674 und Sb 67675-65689).

Flachwagen für Holz- und Containertransport Sgp 7601-10

Für den Transport von Rundholz sind beidseitig je sechs schwere, am Untergestell festgeschraubte Doppelrungen mit Ratschen und Gurten angeordnet. Die Fahrzeuge sind mit sechzehn schwenkbaren CT-Riegeln (Containerzapfen) bestückt und können streckenbezogen auch für den Transport von ISO-Containern eingesetzt werden. Die CT-Riegel sind so angeordnet, dass verschieden große ISO-Container befördert werden können. Der Containertransport setzt eine Demontage der schweren Doppelrungen in den Werkstätten voraus. Die Wagen verfügen über keinen eigentlichen Fußboden. Das Rundholz liegt auf quer zur Fahrzeuglängsachse angeordneten, 60 mm starken, hölzernen Auflagen. Durch die leicht erhöhte Lage können die untersten Rundholzstämme besser mit einer Holzzange gegriffen werden.

Flachwagen für Holz- und ACTS-Behältertransport Rp 65301-05

Zur Sicherung der ACTS-Behälter beim Trans-

Zuverlässiger Schienentransport auch in Gleisbögen. Foto David Wiegratz/ © Rhaetische Bahn, Chur

port sind stirnseitig je zwei schwenkbare Riegelbalken angeordnet. In der Wagenmitte werden die ACTS-Behälter entsprechend ihrer Länge mit steckbaren Anschlagkeilen gesichert. Die seitliche Behältersicherung erfolgt mit Drehrungen. Für den Stammholztransport sind Ratschen mit Gurten montiert.

Tragwagen für ISO-Container und Wechselbehälter Sb-t 65655-74, Sb 65675-89

Die Wechselbehälter und 20" ISO-Container werden mit vier Containerzapfen, welche auf den beiden Längsträgern fest angeschweißt sind, auf dem Wagen positioniert. Die Fahrzeuge der Serie Sb-t 65655-74 sind zusätzlich mit einer durchgehenden, pneumatischen Speiseleitung ausgerüstet.

Flachwagen polyvalent einsetzbar Re-t 65401-10

Die Wagen verfügen über einen 60 mm starken Holzboden, steckbare Stirn- und klappbare Seitenwände aus Aluminium. Für den Stammholztransport sind beidseitig je sechs Standard-Drehrungen angeordnet. Die Ladung kann mit sechs schwenkbaren Spannrollen gesichert

werden. Die Fahrzeuge sind mit sechzehn schwenkbaren CT-Riegeln (Containerzapfen) bestückt und können streckenbezogen auch für den Transport von ISO-Containern eingesetzt werden. Die CT-Riegel sind so angeordnet, dass verschieden große ISO-Container befördert werden können. Die Fahrzeuge sind zusätzlich mit einer durchgehenden, pneumatischen Speiseleitung ausgerüstet.

Daniel Freitag/RhB/pr.

Eine krumme Tour - RhB-Schienentranporte

Am 24. Mai 2008 stimmte die Geschäftsleitung der RhB dem kostenneutralen Projektänderungsantrag »Bau von vier vierachsigen anstatt von zehn zweiachsigen Schienentransportwagen« zu.

Im Juni 2008 wurde das Projekt »Neues RhB-Schienentransport und -abladesystem« als RhB-interne Fertigung gestartet.

Das neue RhB-Schienentransport und -abladesystem setzt sich im Wesentlichen aus den

Schienentransport durch einen engen Gleisbogen.   Foto: David Wiegratz/ © Rhaetische Bahn, Chur

folgenden Wagen und Komponenten zusammen:

1) Ein vierachsiger Schienenabladewagen Xa-t 93501, darauf montiert (verschraubt) eine Schienenabladevorrichtung Typ SRPR13M (Funk- und kabelferngesteuerte, hydraulisch arbeitende, Schienenabladevorrichtung der italienischen Firma SO.RE.MA.).

2) Vier vierachsige Schienentransportwagen Xa-t 93101-04 mit absenkbaren Containerverriegelungen (Twist-Lock) für die Aufnahme der diversen Schienentransportvorrichtungen oder (im Bedarfsfall und außerhalb der Schienen-Bausaison) für den kommerziellen Transport von 20 Fuß-Containern oder Wechselbehältern bis zu einer Länge von 7.45 m (Typ C745). Dazu diverse Schienentransportvorrichtungen STV-RhB 09 Transport- und Sicherungsvorrichtungen zur Aufnahme von 30 oder 60 m langen Schienen.

Hauptmerkmale des neuen Schienentransport und -abladesystems sind: 1) Sicheres und punktgenaues Abladen der Schienen. 2) Schienenschonendes Abladen. 3) Einzeln gelagerte und gesicherte Schienen. 4) Sicherer Transport von bis zu 20 Schienen auf dem ganzen Netz der RhB. 5) Transport von 30 m oder 60 m langen Schienen. 6) Trennen der 60 m-Schienentransportkomposition zu zwei 30 m-Schienenkompositionen. 7) Transport- und Abademöglichkeit für Schienen des Typs VST 36, SBB 1 (UIC 46E1) und SBB IV (UIC 54E2). 8) Entgleisungssicherheit in allen Betriebszuständen gewährleistet.

Sämtliche Konstruktionsarbeiten (Modellieren, Erstellen der Fertigungsunterlagen) wurden mit Hilfe moderner CAD-Arbeitsplätze und entsprechender Software (3D und 2D) durch das Engineering des RhB-Geschäftsbereichs Rollmaterial durchgeführt. Der schweißtechnische Zusammenbau der Wagen erfolgte ebenfalls RhB-intern durch die geprüften und zertifizierten Schweißer der Konstruktionsschlosserei.

Nach der Oberflächenbehandlung erfolgte

die jeweilige Endmontage (Einbau der Drehgestelle, der Bremsen, der Zug- und Stossvorrichtungen, etc.) durch das Montageteam der RhB-Erneuerung.

Schienenabladewagen Xa-t 93501

Aufgabe des Schienenabladewagens ist das sichere, schonende und genaue Abziehen und Abladen der Schienen. Dies geschieht durch eine funk- und kabelferngesteuerte, hydraulisch betätigte Abladevorrichtung. Diese Vorrichtung ist mit den für den Ablad der Schienen notwendigen Armen, Führungsaugen, Aufnahmebalken und Seilwinden, ausgerüstet. Vor dem ersten Einsatz im Mai 2009 wurde der Schienenabladewagen noch in Münster (Deutschland)) auf der »iaf« 2009«, der »Internationalen Ausstellung für Fahrwegtechnik«, ausgestellt und machte dort Werbung für die RhB und ihre Drittmarktkompetenz.

Schienentransportwagen Xa-t 93101-04

Die Untergestelle der Schienentransportwagen sind mehr oder weniger identisch mit jenem des Schienenabladewagens. Es wurden jedoch insgesamt 32 absenkbare Containerverriegelungen (Twist-Lock) für die Aufnahme der diversen Schienentransportvorrichtungen, aber auch von 20 Fuß-Containern und Wechselbehältern, in die Längsträger der Untergestelle integriert. Twist-Locks sind Befestigungselemente für Container und Wechselbehälter, welche bei Lastkraftwagen heute eine weit verbreitete Anwendung gefunden haben. Für die RhB ist diese Befestigungsart bei Güterwagen jedoch ein Novum.

Schienentransportvorrichtungen

Für die Lagerung und Sicherung der Schienen

Schienenabladung mit Xa-t 93501 am 7.10.2009 bei Waltensburg.

60 m-Schienenkomposition am 17.11.2009 in einem engen Gleisbogen in Landquart. *Fotos (2): RhB/pr*

auf den Schienentransportwagen werden die nachfolgenden Schienentransportvorrichtungen benötigt:
1) Schienenauflager mit Klemmvorrichtungen.
2) Schienenauflager mit Rollen. 3) Auflagebalken mit steckbaren, seitlichen Rungen. 4) Schutzwand mit Türen.

Der Schienenabladewagen Xa-t 93501 ist seit Mitte Mai 2009 bei der RhB-Infrastruktur im Einsatz. Zur Zeit läuft die Inbetriebnahme des gesamten Schienenablade- und Schienentransportsystems mit diversen Testfahrten und Schienen-Probeabladen.

David Wiegratz/RhB/pr.

Heinz-Dietmar Ebert

Das Öchsle - Schmalspurbahn Biberach-Warthausen-Ochsenhausen

Die »Schwäb´sche Eisenbahn« war seit 1850 von Ulm nach Friedrichshafen in Betrieb. Für die Gemeinden an der Bahnlinie bedeutete dies den Anschluss an die große Welt, und für die Betriebe brachte es wirtschaftlichen Aufschwung. Den Bewohnern im Hinterland blieb dies nicht verborgen. Auch sie wollten von den Vorteilen einer Eisenbahnlinie profitieren. Der Anspruch an die Obrigkeit ließ in Ochsen-

hausen und umliegenden Gemeinden nicht lange auf sich warten. Der Bahnanschluss an die Hauptbahn in Biberach wurde gefordert. Die direkte Bahnlinie von Ochsenhausen über Ringschnait nach Biberach war angedacht, doch wollten auch die Gemeinden Äpfingen, Reinstetten und Maselheim einen Bahnanschluss. Als kostengünstigste Variante, aber auch wegen der topografischen Lage kam

99 633 am 4.7.1989 in Ochsenhausen.   *Alle Fotos zu diesem Bericht von Heinz-Dietmar Ebert*

99 903 am 3.8.1985 in Ochsenhausen.

nur eine Schmalspureisenbahn in Frage. So entschied man sich für den Bau der Bahn von Biberach, Warthausen, Äpfingen, Maselheim, Reinstetten nach Ochsenhausen.

Am 29. November 1899 wurde die 19 km lange, mit 750 mm Spurweite erbaute Bahnstrecke festlich eröffnet. Zunächst war lediglich der Abschnitt von Ochsenhausen nach Warthausen befahrbar. Am 1. März 1900 wurde die restliche Strecke von Warthausen nach Biberach dem Verkehr übergeben. In Warthausen wurde eine schienengleiche Kreuzung in die Hauptlinie Ulm-Friedrichshafen eingebaut. Ursprünglich war nur ein drittes Gleis in die Hauptlinie geplant. Wegen des damals bereits starken Eisenbahnverkehrs auf der Hauptlinie entschied man sich für die Lösung mit einem parallel verlaufenden Gleis bis zum Bahnhof von Biberach. Die Streckenlänge betrug nun 22,3 Kilometer.

Ochsenhausen sollte in der Planung der Württ. Staatseisenbahn ursprünglich Mittelpunkt eines schwäbischen Schmalspurnetzes werden. Schmalspurbahnstrecken nach Laupheim, Thannheim, Wurzach und Waldsee waren an-

gedacht. Diese wurden jedoch nicht umgesetzt.

Für die Hochbauten gab es bei der Kgl. Württ. Staatseisenbahn eine Richtlinie für Hochbauten. Die Norm wurde streng gehandhabt. So gleichen sich die Bahnhöfe Äpfingen, Maselheim und Reinstetten bis auf das kleinste Detail. Ein Großteil der Bahngebäude sind noch heute in hervorragendem Zustande infolge Renovierung erhalten geblieben. Leider hat man den Fachwerklokschuppen in Ochsenhausen nicht mit einbezogen.

In Ochsenhausen gab es eine Besonderheit, welche auch auf der Jagsttalbahn angewandt wurde. Vierhundert Meter vor dem Bahnhof Ochsenhausen befand sich der Anschluss des Güterbahnhofes Ochsenhausen. Hier gab es nach einer Weiche zwei Rollbockgruben mit anschließendem Normalspurgleis im Ladebereich. Hier konnten Normalspurgüterwagen abgestellt werden, um die Rollböcke gleich wieder für andere Transporte frei zu bekommen. Im Normalspurgleis befand sich eine Gleiswaage.

Der Abfahrtsbereich des »Bähnle« in Biberach

99 1773 am 3.8.1986 in Ochsenhausen.

war auf dem Bahnhofsvorplatz der Hauptbahn. 1964 wurde das Gleis zwischen Biberach und Warthausen nach Einstellung des Personenverkehrs ausgebaut. Damit entfiel auch die Niveaukreuzung mit der Hauptbahn Ulm-Friedrichshafen.

Am 6. Januar 1944 kam es auf der schienengleichen Kreuzung von Warthausen zu einem folgenschweren Unfall. Ein in Richtung Ulm fahrender Personenzug (P1521) fuhr in die Flanke des gerade kreuzenden Schmalspurzuges (GmP 303), welcher auf dem Weg nach Biberach war. Es waren zwölf Tote und viele Verletzte zu beklagen. An Sachschaden waren unter anderem vier total zerstörte Wagen zu verzeichnen.

Der Personenverkehr wies erfreuliche Fahrgastzahlen bis zu dem Zeitpunkt auf, als die Postbuslinie Memmingen - Ochsenhausen-Biberach eingeführt wurde. Nun machte es sich bemerkbar, dass die Bahnlinie nicht den direkten Weg von Ochsenhausen nach Bibe-

rach nahm. Ein kürzerer Weg bedeutete auch damals schon eine Zeitersparnis. Der Personenverkehr wurde unter großer Teilnahme der Bevölkerung der anliegenden Gemeinden am 31. Mai 1964 eingestellt.

Der Güterverkehr bestand zunächst hauptsächlich aus landwirtschaftlichen Produkten sowie Holz und Stückgut zu und von den Industriebetrieben. Größter Bahnkunde war neben den landwirtschaftlichen Genossenschaften später die Firma Liebherr, die der größte Arbeitgeber in Ochsenhausen und somit ein Wirtschaftsfaktor ersten Ranges war. Sie hatte das Öchsle für An- und Abtransporte seiner Produkte (Kühlschränke) fest in ihr Konzept eingeplant. Beispielsweise im Jahr 1976 empfing die Firma Liebherr 1143 Güterwagenladungen auf Rollböcken, und im Versand waren es 1394 Güterwagen. Nicht immer war es möglich, alle Güterwagen auf einmal abzufahren. So kam es vor, dass am Tage zwei Güterzüge eingesetzt wurden. Hinter der Lok und dem Pufferwagen

251 902 am 3.8.1986 in Ochsenhausen.

251 903 am 22.2.1982 bei Wennedach.

251 903 rangiert am 22.2.1982 in Ochsenhausen.

waren maximal zehn zweiachsige Güterwagen eingestellt. 1964 befasste sich die Deutsche Bundesbahn mit dem Gedanken, das Öchsle auf Normalspur umzubauen. Wirtschaftlichkeitsberechnungen beendeten diese Überlegungen auf Grund des Abwärtstrends im Güterverkehr im Allgemeinen. Die Bedienung auf der Straße war im Vormarsch. Die Stilllegung wurde unvermeidlich. Am 31. März 1983 fuhr die festlich geschmückte Lok 251 902 mit ihrem Güterzug offiziell ein letztes Mal mit Lokführer Traub auf die Strecke.

Das war aber nicht das Ende der Bahnstrecke, den ein Museumsbetrieb brachte wieder neues leben aus die Gleise. Nach 21 Jahren kamen wieder Personenzüge auf dem Öchsle zum Einsatz.

An Triebfahrzeugen sind anzutreffen:
99 633 (DGEG)
V 51902 (ex Deutsche Bundesbahn)
Px 481773 und Px 481774 aus Polen
VT 1 (Wismarer Schienenbus)
VT 2 (ex Zillertalbahn; davor Osterode-Kreiensen).
Personenwagen (Haubendachwagen) kamen aus Österreich und der Schweiz und Güter-

wagen von der Bregenzerwaldbahn sowie die Pufferwagen vom Öchsle. Weitere Lokomotiven und Wagenmaterial sind gekommen und gegangen.

Immer wieder hing der Museumsbetrieb am seidenen Faden. Heute im Jahre 2010 scheint der Betrieb gesichert zu sein. In Warthausen wurde die neue Betriebswerkstatt in modernster Bauweise erstellt, und das Öchsle fährt wieder. Ihm wünscht der Verfasser allzeit gute Fahrt mit einem schwäb´schen »Lokomotiva-Pfiff«.

Staatsbahnfahrzeuge stationiert in Ochsenhausen (ohne Museumsbetrieb)
Dampfloks
Tssd 41, 99 631, Mallet-Lok, Maschinenfabrik Esslingen 1899/3070
Tssd 42, 99 632, Mallet-Lok, Maschinenfabrik Esslingen 1899/3071
Tssd 43, 99 633, Mallet-Lok, Maschinenfabrik Esslingen 1899/3072
Tssd 47, 99 637, Mallet-Lok, Maschinenfabrik Esslingen 1904/3294
99 650, sächs. VIK, Henschel 1918/16131
99 651, sächs. VIK, Henschel 1918/16132
99 704, sächs. VIK, Karlsruhe 1926/2331

Dieselloks
V 51 901, Gmeinder (MaK-Lizenzbau) 1964/5327. Die Lok wurde 1971 an die Steiermärkische Landesbahnen verkauft. Dort neue Betr.Nr. VL 21. Weiter verkauft an Rügensche Kleinbahnen. Dort heute im Besitz der PRESS als 251 901 bei der Rügenschen Bäderbahn.

V 51 902, Gmeinder (MaK-Lizenzbau) 1964/5328. Die Lok wurde wurde 1984 an Öchsle-Museums-Schmalspurbahn e.V. verkauft.

V 51 903, Gmeinder (MaK-Lizenzbau) 1964/5329. Die Lok wurde am 30.11.1983 ausgemustert. 1984 über die Fa. Layritz in München/Penzberg nach Italien an Firma Gleismac Italiana, Gazzo di Bigarello (Händler) verkauft. 1985 weiter verkauft an COMSA, Miarnau/Spanien. 2009 von der Öchsle-Museumsbahn gekauft und nach Ochsenhausen zwecks Überholung und Wiederinbetriebnahme zurückgeholt.

Normalspurtransportwagen
Für Transporte von Schmalspurfahrzeugen stand der normalspurige Transportwagen Nr. 30 80 971 6 000-3 zur Verfügung. 1980 wurde vom AW Weiden Ausmusterungs-

Oben:
251 902 am 6.6.1988 mit einem Güterzug vor der Abfahrt in Warthausen.
Mitte:
VT 1 am 8.8.1987 in Ochsenhausen.
Unten:
VT 2 am 9.5.1987 in Ochsenhausen.

251 902 wird am 15.3.1982 vor dem Lokschuppen in Warthausen für eine neue Fahrt vorbereitet.

antrag gestellt. Lokomotiven und Rollböcke mussten nunmehr mit einem Tiefladewagen der Bauart Uaai 754 zum AW Nürnberg transportiert werden.

Draisinen

Die Bahnunterhaltungsrotte war eine Handhebeldraisine in der 1921 für die Schmalspurstrecke eingerichteten Bahnmeisterei Warthausen vorhanden. Anfang der 1950er Jahre erhielt die Bahnmeisterei Biberach eine Schmalspur-Motordraisine mit der Nummer 01-004. Vermutlich handelte es sich um die Motordraisine von Buchau. Diese wurde 1942 von der Firma Beilhack in Rosenheim unter der Fahrgestellnummer 1566 gebaut. Die Motorleistung belief sich auf 5 PS. Ein Zweiachsiger und zwei einachsige Anhänger standen ebenfalls zur Verfügung. Ein Anhänger war ein so genannter Sitzanhänger. Am 16.8.1978 fuhr nachweislich die Draisine Klv 01-8006 zur Prüfung der Gleisanlage auf der Strecke Warthausen-Ochsenhausen und zurück. Untergebracht war die Motordraisine in einem Holzschuppen im Bahnhof

Warthausen nördlich des Bahnübergangs. Die endgültige Unterbringung war im ehemaligen Geräteraum der Bm Warthausen. Zwischen dem Bahngleis und dem Geräteraum war nach einem kurzen Stichgleis eine Drehscheibe eingebaut, so dass die Schmalspur-Motordraisine gewendet werden konnte.

Personenwagen

An zweiachsigen Wagen waren im Anfangsbestand die Personenwagen 101-108 und 163-169 vorhanden. Beim tragischen Unfall 1944 bei Warthausen kam es zum Verlust der Personenwagen 103,104,167 und 168. Der ebenfalls beschädigte Wagen 102 wurde instandgesetzt. Von der Federseebahn kamen 1964 noch die zwei Vierachserpersonenwagen 711 und 712. Später kamen die Wagen 174 und 175 hinzu. Die Personenwagen wurden von der Maschinenfabrik Esslingen gebaut. 1967 ist der letzte Ochsenhausener Personenwagen verschrottet worden.

Pack-/Postwagen

An Pack-Postwagen waren vorhanden 143-

251 902 rangiert am 15.3.1982 an der Rollbockgrube in Warthausen.

145. Die Bahnpostlinie konnte sich die Reichspost auf Dauer nicht leisten. Sie wurde bereits 1936 eingestellt. Geschlossene Postsäcke und Pakete wurden jedoch bis zur Einstellung des Personenverkehrs 1964 befördert.

Güterwagen

Wagen 157, 161-163, 167,168,471 und 478 (gedeckte Wagen)
Wagen 171-173, 188-190 (Niederbordwagen)
Wagen 578, 582 (Hochbordwagen)
Wagen 301-306 (Drehschemelwagen)
Eine Reihe von Güterwagen wurde 1940 an die Heeresfeldbahn abgegeben. Dadurch wurde 1945 der Rollbockverkehr gefördert. Der eine oder andere Güterwagen fand noch den Weg zum Öchsle.

Rollböcke

Der Anfangsbestand 1899 waren 3 Paar Rollböcke. 1955 waren es 12 Rollbockpaare. 1968 sind es 35 Rollbockpaare. Die mit 16 t Tragfähigkeit wurden von der Maschinenfabrik Esslingen sowie der Wumag gebaut.
Die Rollböcke mit 20 to Tragfähigkeit hatteO&K Typ 60 hergestellt. Letztere wurden 1959 und 1960 geliefert. Mit diesen O&K-Rollböcken gab es am Anfang technische Probleme. Alle Gleitlager mussten ausgetauscht werden.
Die Rollböcke standen alle drei Jahre zur Untersuchung beim zuständigen AW an.

Pufferwagen

Es waren vier Pufferwagen vorhanden. Zwei Wagen wurden in Ochsenhausen als Bahnhofswagen genutzt und zum Rangieren eingesetzt. Die Bezeichnung lautete 79082 ex G 481 und 79069 ex G 154. Ein weiterer Bahnhofswagen stand in Warthauen. Dieser hatte die Nummer 79157 ex G 157. Diese Bahnhofswagen durften zunächst nicht in die Züge eingestellt werden, was später geändert wurde. Die im Zugeinsatz befindlichen Pufferwagen hatten die Betriebsnummern G 475 und G 157.

Quellennachweise:

»Schmalspur in Baden-Württemberg«. Einhorn-Verlag
Eigene Aufzeichnungen anlässlich von Besuchen bei der Bahn.

Dr. Markus Strässle

Die Bregenzerwaldbahn - gestern und heute

Vorgeschichte

Mit der Bregenzerwaldbahn verbinden sich für mich viele schöne Erinnerungen, zumal diese frühere ÖBB-Strecke für die Entwicklung meines Interesses an den österreichischen Schmalspurbahnen stark mit prägend war. Erste eigene Kontakte mit dieser liebenswerten Bahn auf 760 mm-Spurweite gehen ins Jahr 1975 zurück, als unsere Familie einen Sonntagsausflug nach Bregenz an den Bodensee unternahm, und wir dabei auch – von der Stadt her kommend - über den Fußgängersteg (die sogenannte »Gulaschbrücke«) am Bahnhof zum See spazierten. Dabei entdeckte ich wortwörtlich die Schmalspurbahn und wenig später auch einen ersten, von einer ÖBB-Diesellok der Reihe 2095 bespannten Zug. Die Loktype war

mir bereits aus der »LGB-Depesche« und dem LGB-Katalog bekannt, denn dort wurde diese als Lok der ÖBB-Pinzgauer Lokalbahn Zell am See-Krimml vorgestellt. Da ich aber damals als Schüler noch keine weiterführenden Informationen aus der Literatur hatte und erst einmal (1974) einen Besuch bei der Zillertalbahn gemacht hatte, wusste ich zuerst gar nicht, dass es auch von Bregenz ausgehend eine Schmalspurbahn in den Bregenzerwald gab.

Schon bald war unsere Familie wieder in Bregenz, und wir unternahmen eine Fahrt mit einem Dampfzug der EUROVAPOR, welche mit der von der Zillertalbahn gemieteten Dampflok Nr. 4 damals Dampfzugfahrten auf der Strecke Bregenz-Bezau organisierte. Soweit ich mich erinnern kann – Fotos haben wir, d.h. meine

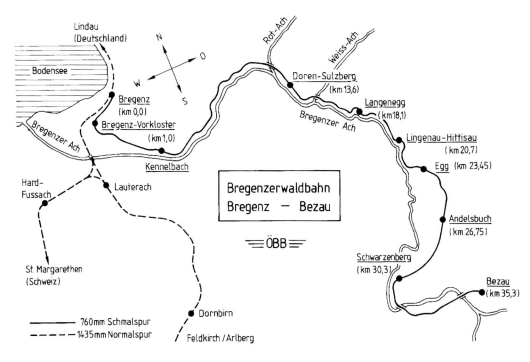

Zeichnung: Klaus-Joachim-Schrader †

ÖBB 2095.05 am 2.4.1964 in Bregenz.   Foto: Dipl.-Ing. Herbert Stemmler

Eltern, damals leider noch keine gemacht – fuhren wir mit dem Dampfzug ins Tal und nach einer Einkehr in einem Bezauer Gasthof mit einem Dieselpersonenzug wieder nach Bregenz zurück. Diese Fahrt hat dann dazu geführt, dass ich in der Folge noch öfters und immer wieder die Bregenzerwaldbahn besucht habe.

Ich habe diesen Bericht einmal nicht einfach als Aufzählung von Daten und Fakten dieser Bahn gestaltet, sondern habe mir erlaubt, einige persönliche Erlebnisse und Erinnerungen einfließen lassen. Für ergänzende Informationen füge ich am Schluss noch eine Liste mit Literatur-Hinweisen an.

Fakten aus der Bahngeschichte und vom Fahrzeug-Einsatz der BWB

Bei der Bregenzerwaldbahn, kurz auch BWB genannt, wurde nach längerer Planungs- und Konzessionierungsphase im September 1900 mit dem Bahnbau begonnen, der schließlich im September 1902 beendet werden konnte. Am 10.9.1902 wurde die Strecke mit einem Probezug befahren, und am 11.9.1902 fand die technisch-polizeiliche Überprüfung statt, die mit positivem Ergebnis verlief, so dass am

15.9.1902 der Betrieb der Bregenzerwalbahn AG mit einem Personenzug aufgenommen werden konnte, der aus folgenden Fahrzeugen bestand: Dampflok U 24 mit den Wagen Ds 101 + BCi 1 + BCi 2 + Ci 14 + Ci 13 + Ci 15 + BCi 3. Die gesamte Strecke von Bregenz-Hauptbahnhof bis Bezau war 35,412 Kilometer lang, wobei im Bereich des Betriebsbahnhofs Vorkloster (bis km 1,41) zum Teil Vierschienengleis verlegt wurden, damit normalspurige Güterwagen zum Umladen dorthin gefahren werden konnten. Besondere Aufmerksamkeit erforderte die landschaftlich reizvolle und anspruchsvolle Strecke im Tal der Bregenzer Ache, wo die Bahn am rechten Ufer der Ache zwischen Berghang und Flussbett trassiert wurde. Während der gesamten Betriebszeit der Bahn war es dort dann auch immer wieder zu Hangrutschungen und Steinschlägen gekommen, die mehrfach auch zu recht spektakulären Unfällen durch wegen Steinschlags entgleisten Fahrzeugen führten. So ist u.a. am 21.12.1921 ein Dampfpersonenzug mit der Lok U 24 in die Bregenzer Ache gestürzt, und 1965 kam es beim Egger-Viadukt zum Absturz der Diesellok 2095.05,

ÖBB 2095.05 am 2.4.1964 in Bregenz vor Lokalbahnzug mit Haubendachwagen.

Foto: Dipl.-Ing Herbeter Stemmler

nachdem diese auf einen Steinblock aufge-
fahren und vom dortigen Lehnenviadukt bis
in den tief gelegenen Fluss hinunter gestürzt
war. Aus damaliger Sicht erlitt die Lok erlitt
damals eigentlich einen Totalschaden, wurde
in St. Pölten aber unter Verwendung einiger
alter Teile wieder komplett neu aufgebaut. Sie
kam nach einiger Zeit wieder »wie neu« nach
Bregenz zurück. Ein anderes Problem stellten
in den frühen Jahren auch Föhnstürme dar, die
verschiedentlich ganze Züge aus den Schienen wehten, so u.a. am 15.2.1925 in Bezau. Nur
die Lokomotive blieb damals aufgrund des
größeren Gewichts auf den Schienen stehen.
Am 21.11.1926 kam es in Unterbach zu einem
ähnlichen Vorfall, wobei wiederum nur die Lokomotive im Gleis stehen blieb.

Dampfloks

Für den regulären Verkehr wurden an Werktagen mindestens drei Lokomotiven benötigt,
wobei zwei davon mit den Personenzügen im
Tal unterwegs waren und die dritte den Güterzug von Bregenz-Vorkloster nach Bezau und
zurück beförderte. Bei Bedarf verkehrten zu-

sätzliche Bauzüge für den Streckenunterhalt,
teilweise wurden diese von der Lok des Güter-
zuges geführt, zum Teil auch von einer vierten
Lok.

Ursprünglich waren der Bregenzerwaldbahn
die vier Dampflokomotiven U 24 bis U 27
zugeteilt (spätere ÖBB 2098.24 - 298.27), zu
welchen später noch die U 36 dazukam. In
den 1920er Jahren erhielten diese Dampfloks
Unterstützung durch zwei damals moderne
Heissdampf-Lokomotiven der Baureihe Uh,
von welchen damals die beiden Loks Uh.2 und
Uh.3 im Bregenzerwald zum Einsatz kamen.
Vorübergehend war auch das Einzelstück Bh.1
auf der Bregenzerwaldbahn, welche, 1905 als
erste Heissdampflok Österreichs gebaut, zum
Zeitpunkt der Umnummerierung gerade in
Bregenz weilte und daher die Bezeichnung
Bh erhielt (»B« für Bregenz und »h« für Heiss-
dampf). Diese Lok war übrigens im Verlaufe
ihres Lokomotivlebens auf fast allen österreichischen Schmalspurbahnen gefahren, so
auch auf der legendären Mariazellerbahn (für
welche sie gebaut worden war), bei der Salz-

kammergut-Lokalbahn, auf der Ybbstalbahn, auf der Murtalbahn und auch während drei Jahre bei der Thörlerbahn Kapfenberg-Seebach/Turnau. Heute steht diese interessante Lok in Murau bei den Steiermärkischen Landesbahnen im regelmäßigen Einsatz vor Dampfbummelzügen auf der Murtalbahn.

Dieselloks

Bereits in den 1930er Jahren wurden erste Dieselgepäcktriebwagen der BBÖ-Reihe 2041 zur Beschleunigung des Personenverkehrs auf der BWB eingesetzt. Es sind dies die heute unter der Reihe 2091 bekannten Dieselloks, welche damals wegen des Gepäckraums in einem Vorbau als Triebwagen galten. Bei der BWB waren damals die 2041.04 bis 07 bzw. später 2091.04 – 07 stationiert.

Aufgrund der nicht unerheblichen Steigungen im unteren Talabschnitt mussten diese nicht sehr zugstarken Dieselloks zwischen Bregenz und Lingenau-Hittisau (fallweise auch bis Egg) die schweren Personenzüge im Berufsverkehr paarweise befördern. Teilweise wurden damals dann in Lingenau (oder Egg)

Oben: ÖBB - Bi/s 3673 am 2.4.1964 in Bregenz Hbf. - ein Haubendach-Personenwagen im Planeinsatz!

Mitte: ÖBB-BD4ip/s 4264 am 2.4.1964 in Bregenz Hbf.

Unten: Bahnhofsgebäude in Bezau am 24.7.1974.

Fotos (3):
Dipl.-Ing. Herbert Stemmler

ÖBB 2095.05 am 2.4.1964 in Bregenz-Hauptbahnhof.   *Foto: Dipl.-Ing. Herbert Stemmler*

einige Personenwagen zurückgelassen, damit die am Zug verbleibende Lok die restlichen Wagen allein bis Bezau ziehen konnte. So gibt es aus der Zeit der 1950er Jahre einige Aufnahmen, welche solche Personenzüge in Bregenz (und im unteren Talabschnitt) mit zwei Lokomotiven zeigen. Für den Güterzug oder als Reserve stand damals und bis zur Lieferung der neueren, stärkeren Dieselloks jeweils auch noch mindestens eine zugstarke Dampflok in Reserve zur Verfügung.

Zweiter Weltkrieg

Während der Kriegsjahre sind die Züge wegen Treibstoffknappheit wieder ausschließlich von den Dampflokomotiven gezogen worden. In jener Zeit führte die Deutsche Reichsbahn auch einige Verbesserungen ein, so wurde in Egg ein drittes Bahnhofsgleis verlegt, was Zugkreuzungen einfacher machte, und das Vierschienengleis in Bregenz-Vorkloster wurde zu einem Dreischienengleis umgebaut. Auch wurden in Vorkloster zwei Einfahrtsflügelsignale der Reichsbahn-Bauart aufgestellt, die bis zur Einstellung der Bahn in Betrieb blieben.

Kurz vor Kriegsende waren zudem fünf fabrik-

neue Dampfloks der Deutschen Heeresfeldbahn (Type KDL 11) auf einem Abstellgleis in Reuthe bei Bezau hinterstellt worden. Dort überstanden sie dann auch das Kriegsende unbeschadet und konnten danach auf verschiedenen ÖBB-Schmalspurstrecken in der Nachkriegszeit als willkommene Verstärkung zum Einsatz kommen.

Dieselloks Reihe 2095

Auf der BWB verkehrten schon bald wieder die nicht sehr leistungsfähigen Dieselloks der Reihe 2091, bis sich durch eine 600 PS starke Neuentwicklung der SGP, welche als Prototyp-Diesellok 2095.01 in den Jahren 1959 und 1960 erste Probefahrten im Bregenzerwald ausführte, eine deutliche Verbesserung der Zugförderung abzeichnete.

Ab 1961 kamen dann die vier Stammdieselloks 2095.04-07 zur BWB, wo sie bis zur Einstellung der Bahn 1980 und 1983 das Rückgrat der Zugförderung bildeten. Die 2095.07 war allerdings 1961 zuerst noch einige Zeit auf der Ybbstalbahn im Einsatz, gelangte dann aber 1962 zur Bregenzerwaldbahn.

Damit konnten fortan alle Züge mit diesen

2095.07 im Sommer 1981 mit Personenzug in Bregenz-Hauptbahnhof.   Foto: Dr. Markus Strässle

Maschinen bespannt werden. Drei Loks davon standen im regulären Einsatz, die vierte war Reservelok bei unerwarteten Ausfällen einer Schwesterlok oder bei besonders schweren Güterzügen als Vorspann, was fallweise im Herbst vorkommen konnte. Dazu kam mit der 2092.01 noch eine kleine, als Verschublok in Vorkloster stationierte Diesellok. Diese war, weil sie gelegentlich auch zur Führung von Bauzügen auf die Strecke kam, zusätzlich mit einer Vakuum-Bremse für den Wagenzug ausgerüstet worden.

Personenwagen
Wurden die Personenzüge ursprünglich nur aus den in Österreich auf den meisten Strecken anzutreffenden, zweiachsigen Personenwagen gebildet, so kamen nach dem Zweiten Weltkrieg auch vier vierachsige Personenwagen der Deutschen Heeresfeldbahn hinzu, ebenso drei von der Pinzgauer Lokalbahn überstellte sogenannte »Stromlinienwagen«. Das führte in der Zeit zwischen 1945 und ca. 1965 zu bunt gemischten Personenzügen aus zwei- und vierachsigen Wagen unterschiedlicher Bauart. Ab Mitte der 1960er Jahre kamen dann fast

ausschließlich Garnituren mit sogenannten Spanten-Vierachsern zum Einsatz, d.h. mit einheitlich auf alten Untergestellen in St. Pölten neu aufgebauten Personenwagen. Dabei waren damals auch die vier früheren Heeresfeldbahn-Personenwagen auf die gleiche Länge gebracht und mit identischen Wagenkästen versehen worden. Als Reserve gab es noch drei weitere Vierachser der Pinzgauer-Stromlinien-Bauart und drei zweiachsige Personenwagen in Spantenbauart. Diese kamen ursprünglich nur relativ selten zum Einsatz, fanden dann aber ab 1974 regelmäßige Verwendung bei der Bildung der Dampfbummelzüge der EU-ROVAPOR.

An solchen Tagen stand dann auch praktisch der gesamte Personenwagen-Park der BWB im Einsatz, und gelegentlich mussten zur Verstärkung auch noch Spanten-Vierachser den Dampfzügen beigegeben werden, was dann zusätzlich auch den Einsatz der hinter der Dampflok eingereihten Diesellok 2092.01 zur Unterstützung bei der Bergfahrt erforderte. Bei einigen besonderen Anlässen, wie etwa bei der Feier des 75-jährigen Jubiläums 1977,

2095 04 und 2095 07 am 18.6.1977 vor einem Verstärkerzug in Bregenz-Hauptbahnhof.

Foto: Augst Zopf

wurden zusätzlich braune Spanten-Vierachser von der Mariazellerbahn als Verstärkungswagen ausgeliehen, welche im Kontrast zu den tannengrün lackierten BWB-Wagen in den Zügen leicht auszumachen waren. Diese Wagen wurden dann aber jeweils nach den Feierlichkeiten wieder an ihren Heimatbahnhof St. Pölten Alpenbahnhof zurückspediert.

Güterwagen

Für den Güterverkehr gab es eine größere Anzahl an gedeckten- und offenen Güterwagen zwei- und vierachsiger Bauart, die stets sehr gut gepflegt und in tadellosem Erhaltungszustand waren. Als Bregenzer Spezialität hatten die meisten Güterwagen schwarz lackierte Eisenstreben, welche zum dunkelbraunen Anstrich gut kontrastierten. Mit diesen Güterwagen wurden alle möglichen Güter transportiert. Typisch waren u.a. Strohtransporte für die Landwirte des Bregenzerwalds, die im Herbst diese Einstreu aus anderen Gegenden Österreichs für Ihre Ställe einkauften. Dieses Stroh wurde meist per Bahn nach Bezau gebracht. Aber auch Kohle und Holz wurden per Bahn transportiert. Ein guter Frachtkunde der Bahn

war das »Wälderhaus« in Bezau, eine Art landwirtschaftliche Genossenschaft mit eigenem Anschlussgleis, das beim Bahnhof Bezau abzweigte.

Als besonders aufwendig und zunehmend teuer erwies sich im Laufe der Zeit die kosten- und zeitintensive durch Muskelkraft erfolgende Umladung der Fracht im Güterbahnhof Bregenz-Vorkloster. Es gab zwar ein Förderband, aber sonst wurde fast alles von Hand umgeladen.

Erinnerungen an den Bahnbetrieb der ÖBB aus den Jahren 1975 bis 1983

Wie eingangs erwähnt, unternahm ich in den Folge immer wieder Ausflüge zur Bregenzerwaldbahn, wobei diese zum Teil auch mit dem Fahrrad von unserem Wohnort in der Ostschweiz aus erfolgten, teilweise benutzte ich aber auch die Bahn für die Anreise. In Bregenz besuchte ich vor allem die Anlagen des Betriebsbahnhofs Bregenz-Vorkloster, wo sämtliche Fahrzeuge beheimatet waren und sich Lokschuppen, Werkstätten und die ausgedehnten Abstellgleise für die Reservewagen und die Umladegleise für den Güterverkehr befanden.

2095.07 nach Bregenz Hbf. durchfährt am 11.4.1981 den dreischienigen Betriebsbahnhof Bregenz-Vorkloster.

2095.05 am 9.4.1980 an der Dieselltankstelle in der Zugförderungsstelle Bregenz-Vorkloster.

Fotos (4): Dr. Markus Strässle

2095.04 auf der Fahrt nach Bezau am 9.4.1980 bei einem Zwischenhalt in Langenegg-Krumbach.

2095.04 am 9.4.19080 im winterlichen Endbahnhof Bezau. Es wird noch Stückgut ausgeladen.

Oben:
2095.07 im April 1982 in Bregenz-Hauptbahnhof.
Mitte:
ÖBB-Normalspur-Triebwagen 4030.322 aus Lindau kommend und 2095.07 nach Bezau im April 1982 in Bregenz-Hauptbahnhof.
Unten:
2095.04 beim Kraftwerk Langenegg.
Fotos (3): Dr. Markus Strässle

Da es bei der Bregenzerwaldbahn keine Rollwagen- oder Rollböcke gab und die Tunnel im Lichtraumprofil zu eng waren, mussten sämtliche Güter in Bregenz-Vorkloster auf die Schmalspurbahn umgeladen werden, wozu eine größere Menge an Schmalspur-Güterwagen zwei- und vierachsiger Bauart vorgehalten wurden. In Bregenz-Vorkloster wurden die Lokomotiven und Wagen der Bahn gewartet und erhielten in den Werkstätten auch kleinere Ausbesserungen, nur bei Hauptuntersuchungen und größeren Umbauten wurden die Fahrzeuge in die ÖBB-Hauptwerkstätte nach St. Pölten geschickt und mussten dafür auf Normalspurwagen verladen durch Österreich transportiert werden. Für den Verschub im Betriebsbahnhof und für Bauzüge gab es in Vorkloster neben den vier großen Strecken-Dieselloks 2095.04-07 auch noch, wie schon er-

Foto auf der linken Seite:
2095.07 am 9. April 1980 beim Umsetzen am Schmalspurbahn-Endprellbock in Bregenz-Hauptbahnhof.
Foto: Dr. Markus Strässle

wähnt, die kleine Verschubdiesellok 2092.01 (Bauart HF 130-C) sowie eine gelbe Draisine (genannt »Schienenwanze«) für die Streckenerhaltung. Für die Dampfzüge war die große E-Kuppler-Dampflok Nr. 4 der Zillertalbahn mit dem walisischen Namen »Castle-Caereinion« leihweise in Bregenz. Es war dies die frühere Lok Nr. 22 der legendären SKGLB (Salzkammergut-Lokalbahn) bzw. die Lok Nr. 191 der Heeresfeldbahn, gebaut 1939 bei Borsig in Berlin. Sie steht heute bei der Rügenschen Kleinbahn in Verwendung, nachdem sie ihr langjähriger Eigentümer, der Bielefelder Industrielle Walter Seidensticker, vor einiger Zeit dorthin verbracht hatte.

Zur Verstärkung im Dampfbetrieb wurde 1978 die frühere BWB-Dampflok 699.01 nach einer Hauptausbesserung bei der GKB in Graz vom Club 760 angemietet und ebenfalls auf der Bregenzerwaldbahn in Betrieb genommen. Eindrücklich war für mich das Erlebnis einer Doppelbespannung bei der Schlepptender-Dampfloks 699.01 und ZB 4 an Pfingsten

Fotos aus
Bregenz-Vorkloster
Oben:
2095.07 fährt im April 1982 in den Bahnhof ein. Rechts das Heizhaus.
Mitte:
2095.07 am 10.4.1981 auf dem Dreischienengleis am Bahnübergang in Vorkloster.
Unten:
Abgestellte Güterwagen am 10.4.1981 neben der Verladerampe.
Fotos (3): Dr. Markus Strässle

2092.01 (Typ HF 130-C) am 9.4.1980 als Verschublok in Bregenz-Vorkloster. Foto: Dr. Markus Strässle

1979. Ich durfte damals einen Teil der Strecke auf dem Tender der 699.01 sitzend miterleben, was ein ganz besonderes und unvergessliches Eisenbahnerlebnis meiner Jugendzeit war!

Fotodokumente

Auch meine allerersten eigenen Fotos mit Eisenbahnmotiven entstanden bei der Bregenzerwaldbahn. Es war am 2. August 1977, als ich gemeinsam mit meinem Bruder und einem Freund eine Fahrt mit dem Dampfzug von Bregenz nach Bezau unternahm und ein paar wenige Aufnahmen von der ZB 4 und den Diesellokomotiven 2095.06 und 2095.07 als Erinnerung machte. Es waren dies ganz einfache, kleine Papierbilder aus einer KODAK-Instamatic-Kamera meiner Mutter. Heute wäre ich froh, ich hätte damals schon eine etwas bessere Kamera zur Verfügung gehabt und etwas mehr fotografiert, aber immerhin sind so und auch bei späteren Besuchen bei der BWB ein paar Erinnerungsbilder und einige Dias entstanden.

Auch in jener Zeit war es, als mir der Autor des damals erschienenen Buches »Die Bregenzerwaldbahn« (herausgegeben von EUROVAPOR in Zürich) im Barwagen »Wälderschenke« (um-

gebaut 1974 aus dem BD4ip/s 4266 für die Dampfzüge) dieses Buch während der Fahrt im Zug signierte. 2008, dreißig Jahre später, haben wir uns dann bei der Vorstellung eines neuen Buches zu diesem Thema, an welchem ich als Bildautor mitwirken konnte, in Schwarzenberg und Bezau wieder getroffen und dabei auch über frühere BWB-Zeiten diskutiert.

Stilllegung der ÖBB-Bregenzerwaldbahn

Leider führten Unwetter und in der Folge ein großer Erdrutsch und Steinschlag im Frühjahr 1980 zu einer ersten längeren Streckenunterbrechung, wobei auch ein Widerlager der Rotachbrücke bei Doren-Sulzberg unterspült- und beschädigt wurde. Nach einem längerem Unterbruch wurde im Sommer 1980 nochmals für kurze Zeit der Betrieb auf der Gesamtstrecke aufgenommen, bis dann im Spätsommer ein weiterer, großer Steinschlag die Bahn neuerlich unterbrochen hat und man den Bahnbetrieb im Achtal nicht mehr wieder aufnahm. Als Besonderheit verblieb aber bis ca. November 1980 die Diesellok 2095.05 mit vier vierachsigen Personenwagen im hinteren Streckenteil eingeschlossen und wickelte fort-

EUROVAPOR-Lok 699.01 (Franco Belge 1944/2818) vor ZB 4 am 10.4.1981 in Bregenz-Vorkloster.
Foto: Dr. Markus Strässle

an einen Inselbetrieb zwischen Egg und Bezau ab, indem sie dort mit ihren Wagen hin- und her pendelte. Zwischen Bregenz und Kennelbach verkehrte ein zweiter Zug, welcher den untersten Streckenabschnitt bediente. Dazwischen kamen Autobusse im Schienenersatzverkehr zum Einsatz. Als dann die Diesellok 2095.05 schließlich eine Revision oder Teilausbesserung benötigt hat, beendete man diesen Inselbetrieb und hat mit der Lok noch vor deren Abtransport etliche Wagen auf einer provisorischen Rampe auf Strassentieflader verladen, ehe die Lok dann selber auf einem Strassenroller nach Kennelbach gefahren wurde, wo sie wieder auf das Schmalspurgleis aufgesetzt wurde, um in eigener Kraft ein letztes Mal nach Vorkloster zu fahren. Dort hatte man begonnen, einen Teil des Rollmaterials an andere ÖBB-Schmalspurstrecken umzusetzen, so die noch gut erhaltenen vierachsigen Güterwagen und einen Teil der Personenwagen. Auch die drei Dieselloks 2092.01, 2095.04 und 2095.05 wurden auf Schmalspurtransportwagen zu anderen 760 mm-Strecken der ÖBB

bzw. zuerst in die Hauptwerkstätte St. Pölten verbracht. Mit den beiden anderen Dieselloks 2095.06 und 07 wickelte man noch bis zum 10. Januar 1983 den bescheidenen Restverkehr als eine Art Vorortverkehr zwischen Bregenz und Kennelbach ab. Zwischendurch musste die 2095.06 allerdings auch auf der »Krumpe« in Niederösterreich aushelfen, dafür kam von dort im Tausch als Reservelok noch für einige Zeit die schwächere und schon etwas betagte Diesellok 2091.01 nach Bregenz.

Aus dieser Zeit kann ich noch zwei Anekdoten erzählen. Zum einen hatte man noch im Sommer 1982 den schweren und auf Basis eines Lokomotivrahmens einer der beiden früheren ÖBB-Dampfloks der Reihe 299 gebauten Schneepflug 99 550 nach Zell am See zur Pinzgauer Lokalbahn abgegeben und dafür von dort noch vorübergehend im Tausch den älteren, auf HF-Basis erstellten KLIMA-Schneepflug der PLB zur BWB überstellt. Man ging davon aus, dass dieser vierachsige und etwas leichtere Schneepflug für den Restbetrieb der BWB durchaus ausreichen werde. Dies war dann

EUROVAPOR-Lok »Zillertalbahn Nr. 4« (Borsig 1939/14806; ex ZB 4; ex SKGLB 22) am 10.4.1981 in Bregenz-Vorkloster.
Foto: Dr. Markus Strässle

auch zutreffend, denn der neu bei der BWB stationierte Pflug kam dort im Winter 1982/83 bis zur Streckenstilllegung am 10.1.1983 nie mehr zum Einsatz. Es hatte einzig im Sommer eine Profilmessfahrt mit dem KLIMA-Pflug nach Kennelbach und zurück stattgefunden, wie das Vorschrift war.

Die andere Geschichte betrifft die Diesellok 2095.07. Sie war in einen Unfall mit einem ÖBB-Autobus verwickelt und hatte auf der Stirnseite in Richtung Bezau einen Blechschaden, der in der Werkstätte Vorkloster in Eigenregie repariert wurde. Dabei waren für die Reparaturarbeiten das Lokschild 2095.07 und der ÖBB-Adler abmontiert worden. Da diese beiden Schilder vermutlich von einem ganz speziellen Eisenbahnliebhaber der »Langfingerzunft« aus dem Heizhaus Bregenz gestohlen wurden und nicht mehr auftauchten, musste die Diesellok 2095.07 nach dem Werkstättenaufenthalt ersatzweise auf der einen Stirnseite mit Klebeziffern beschriftet werden, auf der anderen Seite verblieb die vorherige Nummer. In dieser Form war die Lok auch nach der Stilllegung der BWB

noch einige Jahre im Waldviertel unterwegs. Kanalbauarbeiten im Bereich des Bahnhofs Bregenz machten dann dem Schmalspurbetrieb im Januar 1983 ein plötzliches Ende, und der gesamte Verkehr von Bregenz bis Bezau wurde fortan durchgehend als Schienenersatzverkehr geführt. Die 2095.07 wurde schon bald darauf abtransportiert.

Die 2091.01 verbleib noch bis zum Sommer 1983 in Bregenz-Vorkloster und half beim Verladen der noch zu anderen Strecken überstellten Personen- und Güterwagen. Für mich blieb der Betriebsbahnhof Vorkloster ein interessanter Ort, wenngleich sich dieser nun immer mehr zu einer Art Schmalspurbahn-Friedhof wandelte. Ich konnte schrittweise miterleben, wie die Gleisanlagen langsam zurückgebaut wurden. Mit der Zeit wurden die Wagen weniger, und auch die dritte Schiene im Dreischienengleis wurde ausgebaut. Viele der noch besser erhaltenen Güterwagen waren bereits an Museumsbahnvereine in Süddeutschland (Öchsle) oder Niederösterreich verkauft worden, einige wenige Wagen wurden aber vor

BWB-Eröffnungszug mit Lok D1 am 13.5.1989 im Bahnhof Schwarzenberg. Foto: Dr. Markus Strässle

Ort in Vorkloster zerlegt. Bald begann das Grünzeug bald sich die Trasse der Schmalspurbahn zurück zu erobern.

Der BWB-Museumsbahnbetrieb Bezau-Schwarzenberg

Aus den Ruinen der ÖBB-Schmalspurbahn wollten Mitte der 1980er Jahre einige Eisenbahnfreunde ein Stück der Strecke als Museumsbahn für die Nachwelt erhalten. Noch vorher hatte ein findiger Eisenbahnfreund bereits Fahrten auf dem unteren Streckenteil durch das Achtal auf einem aus Gartenstühlen auf kleinen Rollen zusammengeschweißten »Zug« unternommen, wobei einer der Stühle mit einem Moped-Motor angetrieben wurde.

Ein anderer Eisenbahnfreund wiederum baute einen alten LKW zum Schienenfahrzeug um und unternahm mit diesem »Hanserich« (aus Hans und Erich abgeleitet) genannten Fahrzeug erste Fahrten von Bezau bis vor Schwarzenberg. Der LKW war dabei mit einer Art »Verschalung« zu einer Art Pseudodampflok umgebaut worden und wirkte aus meiner Sicht etwas »speziell«, um es hier mal freundlich zu formulieren. Man hätte ihn besser als LKW be-

lassen. Zu diesem Schienen-Lkw gesellten sich schon bald ein aus einem gedeckten Güterwagen umgebauter Behelfspersonenwagen und ein kleiner, auf 760 mm-Spur umgebauter Personenwagen der früheren Überlandstrassenbahn Innsbruck-Hall in Tirol. Aus diesen Eisenbahnfreunden rund um den »Hanserich« heraus entwickelte sich die Keimzelle des heutigen Vereins Bregenzerwald-Museumsbahn.

Schließlich ist es diesen Eisenbahnfreunden gelungen, den damals noch sechs Kilometer langen Streckenteil von Bezau über den Bahnhof Schwarzenberg bis Bersbuch zu übernehmen und ihn schrittweise zu sanieren, so dass schon bald mit einem ersten richtigen Zug erste Fahrten unternommen werden konnten. Hierfür kaufte man von den Steiermärkischen Landesbahnen den Torso der früheren HF 130-C Diesellok D 1 der 1982 eingestellten Werksbahn der Papierfabrik Hirschwang. Motor und Getriebe dieser Lok wurden von den STLB damals als Ersatzteile in die beiden STLB-Lokomotiven VL 4 (Getriebe) und VL 7 (Motor) eingebaut, die beide später vom Verfasser dieser Zeilen erworben werden konnten und heute

in Murau auf der STLB-Murtalbahn als Museumsfahrzeuge beheimatet sind. So klein ist manchmal die Welt und der Lauf der Dinge.

Die Lok D 1 erhielt in Bezau den Namen »Hilde« und einen Tauschmotor und ein Getriebe aus einem Caterpillar-Radlader eingebaut. Damit war sie die erste Lok der Museumsbahn und nahm zusammen mit einigen umgespurten Personenwagen der Stubaitalbahn, den erwähnten Umbauwagen ex Hall in Tirol und einem Güterwagen, den Personenverkehr auf der BWB auf. Ein erster wichtiger Schritt war dabei die Querung der Bundesstrasse auf der Eisenbahnkreuzung beim Bahnhof Schwarzenberg, damit überhaupt vom Bahnhof Bezau aus der nächste Bahnhof erreicht werden konnte, wo man Züge auch mit der Lokomotive umfahren bzw. umsetzen kann.

Im Lauf der Jahre kamen dann weitere Personenwagen der Stubaitalbahn dazu und zwei weitere, zweiachsige Dieselloks ergänzten den übersichtlichen Fuhrpark der

Oben:
BWB-Lok D 1 HILDE (ex Payerbach-Hirschwang; ex Barytbahn Bad Lauterberg/Harz) am 22.8.2004 in Bezau.
Mitte:
BWB-Dieselloks D 1 und D 2 am 4.8.2004 im Bahnhof Bezau.
Unten:
BWB-Loks U 25 + Uh 102 anläßlich »100 Jahre Bregenzerwaldbahn« am 3.8.2002 im Bahnhof Schwarzenberg.
   Fotos (3): Dr. Markus Strässle

noch jungen Museumsbahn. Doch schon bald hegte man den Wunsch, auch mit einer Dampflok fahren zu können und so hielt man Ausschau nach einer geeigneten Maschine, die man schließlich in Form der Lok »Nicki S.« bzw. der früheren ÖBB 798.101 des Bielefelder Textilindustriellen Walter Seidensticker fand, der diese früher auch auf der Jagsttalbahn eingesetzte Lok der Type HF 110-C während drei Jahren von 1990 bis 1992 an die BWB ausgeliehen hat. Diese Lok war schon nach dem Zweiten Weltkrieg und bis in die 1950er Jahre schon mal vorübergehend auf der BWB beheimatet, kam aber meist nur zu Reservelok- oder Güterzugsehren, da sie für den regulären Personenverkehr einerseits zu langsam, dann aber auch zu wenig zugstark war.

Anschließend kam dann auch noch eine von der Öchsle-Museumsbahn aus Ochsenhausen ausgeliehene Dampflok Px 48 1903 für kurze Zeit auf der BWB zum Einsatz, ehe man in Form der früheren

Oben:
Die ex ÖBB-Loks 2091 008 und 2091 004 am 26.5.1996 nach Eintreffen bei der BWB in Bezau.
Mitte:
ÖBB-Lok 2095.01 am 3.8.2002 als Gastlok auf der Sporeneggbrücke.
Unten:
BWB-Personenwagen B 101 (Aufbau auf Basis ex Staubaitalbahn B 11) am 2.7.2006 in Schwarzenberg.
Fotos (4): Dr. Markus Strässle

BWB-Dampflok NICKI S. (Henschel 1941/25982; ex ÖBB 798.101) am 22.9.1990 in Bezau.

BWB-Original-Dampflok U 25 (ex ÖBB 298.25) eine erste eigene Dampflok aus der Grundausstattung der Bahn in Betrieb nehmen konnte. Dazu kam dann später noch die Dampflok Uh. 102 (ex ÖBB 498.08), eine etwas leistungsstärkere Heissdampfvariante, in gewissem Sinne abgeleitet aus der Reihe U.

Für die Stammpersonenwagen-Garnitur baute man in der Werkstätte des Vereinsobmanns Hans Meusburger in Bezau bisher fünf Neubau-Flachdachpersonenwagen achtfenstriger Bauart und einen passenden Gepäckwagen aus einem Güterwagen um. Als Basis für den Aufbau der Personenwagen dienten von den ÖBB erworbene Untergestelle von dreiachsigen Güterwagen der Mariazellerbahn. In jüngerer Zeit erhielt dann auch noch einer der vier vorhandenen, früher meterspurigen Stubaital-Personenwagen einen neuen Wagenkasten, der zwar den ÖBB-Nachbauten ähnlich sieht, grössenmässig aber den relativ hochbeinigen Stubaitalbahn-Wagen entspricht.

Um auch bei den Dieselloks über eine originale ÖBB-Schmalspurlok zu verfügen, hatte man eine Gelegenheit genutzt und die beiden bei den ÖBB ausgemusterten Dieselloks 2091 004 und 2091 008 erworben, um die Letztere als Diesellok für den Personenverkehr zur Verfügung zu haben. Die andere Lok ist als Ersatzteilspender ebenfalls noch auf der BWB vorhanden.

Beim Jubiläum »100 Jahre Bregenzerwaldbahn« gelang es kurzfristig, die ÖBB-Diesellok 2095.01 auszuleihen und während des Festwochenendes auf der BWB zum Einsatz zu bringen. Am liebsten hätten die Museumsbahner die Lok gleich in Bezau behalten, doch man gab die Lok im Anschluss wieder wie vereinbart nach Zell am See zurück. Heute hält man von Seiten der BWB Ausschau nach einer brauchbaren Streckendiesellok. Am liebsten wäre den Aktiven natürlich eine ÖBB-Lok der Reihe 2095.

An besonderen Aktivitäten der Museumsbahn zu erwähnen sind sicher einmal der Neubau der durch ein Hochwasser zerstörten Sporenegg-Brücke zu nennen, welche sicher die bisher größte Herausforderung der Vereinsgeschichte darstellte. Ausserdem erfolgte aber auch ein Neubau einer sehr zweckmäßigen, hellen Lokomotiv- und Werkstatthalle im Bereich des früheren Güterschuppens in Bezau, die das si-

BWB-Lok 2091.08 am 2.7.2006 mit Museumsbahnzug bei Reuthe.   *Foto: Dr. Markus Strässle*

chere Unterstellen der betriebsfähigen Lokomotiven und Revisionen an Fahrzeugen unter Dach erlaubt. Weiters wurde am bergseitigen Ende des Bahnhofs Bezau wegen des Neubaus eines Supermarktes die Bahnhofsgleisanlage verkürzt, was den Einbau einer Schwenkscheibe in diesem Bereich notwendig machte.

Als eher traurigen Punkt möchte ich die Kürzung des Streckenteils zwischen dem Bahnhof Schwarzenberg und der früheren Endstelle bei der Haltestelle Bersbuch bezeichnen. Wegen des Baus einer Umfahrungsstrasse im Bereich der Bahntrasse wurde diese bisher ersatzlos geopfert. Vielleicht wäre mit etwas Druck auch von politischer Seite ein Nebeneinander möglich gewesen, zumal parallel zur neuen Strasse auch ein Wirtschaftsweg errichtet wurde.

Ich kann jedem Eisenbahnfreund einen Besuch der BWB-Museumsbahn, auch »Wälderbähnle« genannt, nur wärmstens empfehlen. Den Aktiven der BWB wünsche ich auf diesem Weg allzeit gute und unfallfreie Fahrt!

Literaturhinweise

»Schmalspurig durch Österreich« von W. Krobot, J. O. Slezak, J. Sternhart. Slezak-Verlag, Wien 1961/1975/1984/1991.

»Die Bregenzerwaldbahn« von Lothar Beer. EUROVAPOR-Verlag, Zürich 1977.

»Renaissance der Schmalspurbahn in Österreich« von J. O. Slezak, J. Sternhart. Slezak-Verlag, Wien 1986.

»Die Bregenzerwaldbahn« von M. Rabanser, M. Hebenstreit. Hecht-Verlag, Hard 1989.

»KDL 11 – Kriegsdampflokomotive 11« von Herbert Fritz. CLUB 760-Verlag, Murau 1986.

»ÖBB-Bregenzerwaldbahn« von Markus Strässle. Artikel in »LGB-Depesche« 72/S. 8–17.

»95 Jahre Bregenzerwaldbahn« von M. Rabanser, R. Köfler. BWB-Verlag, Bezau 1997.

»Schmalspurbahn Aktivitäten in Österreich« von Markus Strässle. Slezak-Verlag, Wien 1997.

»Bahnen in Vorarlberg III« von Lothar Beer. Hecht-Verlag, Hard 1999.

»Die Bahn im Bregenzerwald« von Peter Wegenstein. »Bahn im Bild« Band 211, Pospischil-Verlag, Wien 2005.

»Eine Bahn im Rhythmus der Zeit - Die Geschichte der Bregenzerwald-Museumsbahn« von Lothar Beer. Hecht-Verlag, Hard 2007.

»Schmalspurig durch Österreich – Aktuelles und Nostalgisches« von Hans-Peter Pawlik und Markus Strässle. Slezak-Verlag, Wien 2007.

Ralf Götze

Die schmalspurige Eisenbahn in Eritrea - ein Reisebericht

In der Woche vom 12. bis 20. Januar 2008 organisierte Dietmar Kramer aus Braunschweig eine Fototour zu den Eisenbahnen Eritreas. Die »Darjeeling-Strecke Afrikas« hat ja bereits durch diverse Veröffentlichungen einiges an Bekanntheit erlangt. Um so größer war die Spannung bei den neunzehn Teilnehmern aus acht (!) verschiedenen Ländern, was denn zu erwarten war.

Ein kurzer geschichtlicher Rückblick

Von der italienischen Kolonialverwaltung wurde die Bahnlinie von Massawa nach Agordat zwischen 1887 und 1927 in 950 mm Spurweite eröffnet. Die wichtigsten Stationen sind Massawa am Roten Meer und Asmara,

die Hauptstadt Eritreas. Ein geplanter Weiterbau der Strecke über Biscia nach Tessenai mit Anschluss an die 1067 mm Eisenbahnen im Sudan wurde spätestens 1940 aufgegeben. Insgesamt haben die Italiener einen guten Ruf in Eritrea, weil diese das Land als Stützpunkt für eine weitere koloniale Expansion in Ostafrika nutzen wollten, und nicht zur Ausbeutung von Bodenschätzen. Allerdings war und ist der wichtigste Wirtschaftsfaktor von Eritrea der Hafen von Massawa. Dieser war, neben Dschibuti, der einzige zugängliche Hochseehafen für Äthiopien. Neben der Eisenbahn wurden von den Italienern daher auch Straßen, Schulen, Kommunikationseinrichtungen und eine

Das Betriebswerk Asmara in der Abendsonne.

100 km lange Seilbahn von Massawa nach Asmara gebaut. Für Architektur-Begeisterte bietet Asmara eine interessante Umgebung, da diese Stadt größtenteils im italienischen Stil der 1920-30er Jahre gebaut wurde und fast unverändert erhalten ist.

1943 wurden die Italiener durch die Engländer abgelöst die dann auch gleich vier der Mallet-Loks der Baureihe 441 nach Libyen umsetzten. Die Seilbahn wurde auch abgebaut.

1949 kam Eritrea dann zum Herrschaftsgebiet von Äthiopien, vor allem wegen des genannten Hochseehafens von Massawa. 1961 begann ein Befreiungskrieg zwischen Eritrea und Äthiopien, der erst nach dreißig Jahren, im Jahre 1991 mit der Unabhängigkeit von Eritrea endete. Die Eisenbahnstrecken wurde während dieser Zeit fast vollständig abgebaut und das Schienenmaterial zum Bau von Stellungen genutzt.

Die neue Regierung von Eritrea entschied die Bahnlinie wieder aufzubauen. So wurde drei Jahre lang im ganzen Land, teilweise mit einfachsten Mitteln, das Material wieder zusammengesucht und mit dem Wiederaufbau der 117 km langen Verbindung Massawa-Asmara begonnen und 2001 beendet. Da einerseits die Streckenführung geografisch sehr anspruchsvoll andererseits Eritrea aber eines der ärmsten Länder in Afrika ist, kann diesem Unterfangen nur höchster Respekt gezollt werden. Sicherlich stellte diese Arbeit auch eine Beschäftigung für die vielen Militärangehörigen nach dem Krieg dar.

Hintergedanke dieses Wiederaufbaus waren natürlich wirtschaftliche Überlegungen. Bisher sind Versuche für einen regelmäßigen Betrieb, wie öffentliche Personenbeförderung, Güter- und Containertransport oder ein einfacher S-Bahn Betrieb in Massawa, über das Versuchsstadium bisher nicht herausgekommen. Es ist nur zu hoffen das sich das eines Tages ändert.

Unsere Reise

Als größter wirtschaftlicher Erfolg haben sich bisher Fotosonderzüge für Eisenbahnfreunde aus aller Welt herausgestellt. Dazu gehörte auch unsere Tour Anfang 2008, zu deren Höhepunkt sicher der Ersteinsatz der kleinen Mallet 440.08 bis nach Arbaroba gehörte.

Nach der Ankunft am Abend des 12.1.2008

in Asmara, begann unsere Fototour am Sonntag den 13.1.2008 mit dem frühen Aufstehen um 5:00 Uhr, entsprechend 3:00 Uhr MEZ. Dieses frühe Aufstehen sollte uns die folgende Woche über begleiten.

In dieser Zeit ist die gesamte Strecke von Asmara nach Masawa bereist worden. Als Übernachtungsorte dienten uns Asmara und Massawa, da in der einzigen größeren Ortschaft dazwischen kein Hotel existiert. So wurde einige Überführungsstrecken mit dem Bus zurückgelegt.

Die Bahnstrecke beginnt direkt auf dem Kai des für Eritrea und Äthiopien so wichtigen Hafens von Massawa. Wir bereisten die Stadt und Umgebung am Dienstag und Mittwoch. Kurz hinter Moncullo wird die Obel Brücke überquert. Diese Brücke ist der größte Kunstbau der gesamten Strecke und als solcher auch auf dem 10 Nakfa-Geldschein verewigt. Ein sehr schönes Motiv war für uns ein Somali, der sein Kamel weidete und sich gegen ein kleines Trinkgeld vor dem Zug ablichten ließ. In der Mittagspause in Massawa konnte die Altstadt besichtigt werden. Am Nach-

Oben:
Die Ausfahrt aus dem Hafen von Massawa mit 440.08 + 202.002 in Doppeltraktion.
Mitte:
Malletlok 440.08 und LKW-Draisine im in typisch italienischen Stil erbauten Bahnhof Nefasit.
Unten:
Der Bahnhof von Shegerini beim Scheitelpunkt der Strecke.

mittag wurde der Bereich am Hafen mit den Zufahrtsdämmen, und am Abend nochmals die Brücke bei Muncullo sowie die Vororte von Massawa fotografisch abgearbeitet. Zu der Mallet 442.59 gesellte sich am Hafen noch der Zweikuppler 202.002. Einziger Wermutstropfen war das nebelige Wetter, was für den statistisch heißesten Ort der Welt sicher ungewöhnlich ist.

Von der Altstadt Massawas, die auf zwei Inseln liegt, führt die Strecke über Dämme, durch die Vororte von Massawa und Otumlo in Richtung Dogali, vorbei an einem Flüchtlingslager mit somalischen Bürgerkriegsflüchtlingen.

Bisher war die Landschaft flach und ähnelte einer Wüste. In Richtung Damas wird es aber immer hügeliger. Hinter Mai-Atal werden die Berge endgültig erreicht. Dieser Bahnhof war der Ausgangspunkt für den Streckenbau 1887. Entsprechend groß ist auch die Anzahl der Abstellgleise, die heute mit etlichen verrosteten Güterwagen (oder sollte man sagen »Arbeitsvorrat«) zugestellt sind. Auf unserer Fahrt bergan in Richtung Barresa hatte unsere Lok einen kleinen Defekt am Überhitzerrohr, so dass öfters

Oben:
Mallet-Lok 440.08 fährt über die Teufelsbrücke nahe dem Bahnhof Arbaroba.
Mitte:
FIAT-Triebwagen auf der Teufelsbrücke.
Unten:
440.08 begegnet dem alten Afrika nahe der Obel-Brücke.

440.08 und 202.002 rangieren im Bahnhof von Ghinda.   Alle Fotos zu diesem Bericht von Ralf Götze

Halte zum Dampfkochen eingelegt wurden. Diese dienten als willkommene Fotohalte, die die geplanten noch ergänzten. Durch die fehlende Sandstreueinrichtung und die feuchte Witterung zeigte sich schnell, dass unser Zug zu gut ausgelastet war. Daher konnte am Mittwoch Barresa nicht erreicht werden, und wir fuhren zurück nach Mai-Atal. Von dort aus ging es mit dem Bus zurück nach Asmara.

Baresa liegt in einem engen, aber sehr grünen Talabschnitt. Hier nehmen die Loks auch Wasser für die Weiterfahrt. Es ist noch anzumerken das alle größeren Stationen mit Personal besetzt sind und das, obwohl teilweise monatelang kein Zug die Strecke befährt. Einzig die Bauzüge mit den aus russischen URAL-Lastwagen und FIAT-Triebwagen-Drehgestellen gebauten Draisinen befahren öfters die Strecke zur Unterhaltung das Oberbaues.

Durch das Flusstal, dass auch von Kamelkarawanen genutzt wird, geht es weiter nach Ghinda. Während man weiter oben in den Bergen hauptsächlich Esel im Güternahverkehr beobachten kann, werden in den flacheren Gegenden Kamele verwendet. Diese teilweise recht beachtlichen Kamelkarawanen versorgen die Ortschaften abseits in den Bergen, wohin meistens nur kleine Pfade führen. Im Gegensatz dazu wird die oben genannte Hauptstraße in Ghinda zu einer vierspurigen Autobahn. Diese ist von der japanischen Regierung als Wiederaufbauhilfe bezahlt worden. Allerdings wird diese Straße mangels Autoverkehr auch hauptsächlich von Kamelkarawanen genutzt.

Eine frühe Busfahrt führte uns von Asmara nach Ghinda. Dort war auch die Lok 442.59 vom Vortag aus Mai-Atal angekommen und auf den Ersatzzug mit 442.54 getroffen. So konnten noch zwei der großen Mallets nebeneinander in Betrieb erlebt werden.

Ghinda ist der größte Zwischenbahnhof der Strecke. Hier gibt es auch eine große Fahrzeughalle, in der einige Loks abgestellt sind, unter anderem auch die zweite Krupp-Diesellok D27 aus dem Jahre 1957. Die andere steht in der Triebwagenhalle in Asmara.

In Ghinda wird der Bahnhof über eine Flussbrücke verlassen, bevor der Ort in einer großen Kurve umfahren wird. Über deutlich ausgedörrter werdende Berglandschaften geht

nach Embaktalla. Weiter führt die Bahn in ständigen Kurven an den Berghängen entlang Richtung Nefasit. Dort kam es bei unserem Besuch zu umfangreichen Rangiermanövern wegen eines dort befindlichen Bauzuges mit einer der URAL-Draisinen.

Weiter führt die Fahrt in Richtung Arbaroba. Hier wird der Ort mit einen Brücke auf einem Grat zwischen zwei Bergen überspannt. Diesen Grat teilt sich die Bahn mit der Hauptstraße von Massawa nach Asmara.

Durch ein Hochtal geht es mit reichlich Tunneldurchfahrten nach Shegerini. In Kehrschleifen wird bei Shegerini deutlich an Höhe gewonnen. Dieser Bereich ist der Spektakulärste der ganzen Strecke. Hier findet man auch die bekannten Fotomotive an der Teufelsmauer und der Teufelsbrücke. Wir fuhren gleich am ersten Tag mit der Mallet-Lok 442.59 und einem Personenzug mit drei Wagen von Asmara bis Shegereni. Dort, auf 2300 m Höhe, begrüßte uns zunächst eine dichte Wolkendecke, die uns »mystischen« Fotos bescherte Da sich die Wolken aber auflösten, konnten die ersten interessanten Fotos im Bereich der Brücke oberhalb von Shegereni gemacht werden. Nach der Rückfahrt

Oben:
Die kleine Mallet 440.08 mit reinem Güterzug an der Teufelsmauer.
Unten:
Die letzten Kurven vor dem Scheitelpunkt der Strecke bei Shegerini.

Am Scheitelpunkt oberhalb von Shegereni.

nach Asmara wurde dieser Abschnitt sogleich noch einmal mit dem FIAT-Dieseltriebwagen Baujahr 1937, einem so genannten »Littorina« befahren.

Am Freitag ging es noch ein mal, bei schönstem Sonnenwetter mit der 440.08 und der 442.55 als GmP bis nach Shegereni, wo der Zug geteilt wurde. Anschließend wurde mit beiden Loks die Bereiche der Teufelsmauer und der Teufelsbrücke nacheinander befahren. Dabei fuhr die 440.08 auch als reiner Güterzug. Nach der Mittagspause in Asmara wurde der gleiche Bereich um Shegereni mit zwei Maschinen, der 442.54 und 442.59, erneut besucht.

Auch am letzter Tag unserer Reise fuhren wir mit 442.55 und 442.59 bis nach Arbaroba. Mit der 442.59 wurde dann der Streckenabschnitt von Arbaroba bis Shegereni befahren. Wer wollte konnte den Zug auf der Straße mit dem Bus verfolgen. Von Shegerini geht es zum letzten Tunnel der Strecke, dem Tunnel 29. Dort wird auch die beeindruckende Gebirgslandschaft, in der sich die Strecke heraufwindet, verlassen.

Kurz nach dem Tunnel 29 wird der Brechpunkt der Strecke auf 2394 m Höhe, erreicht. Hier finden wir noch eine Ausweiche am Kilometer 115 mit dem Namen »Asmara Summit«. Jetzt beginnt der Abstieg in Richtung Asmara durch eine relativ flache Wüstenlandschaft. Im Bahnhof Asmara endet heute die Strecke, und wir hatten hier verschiedene Möglichkeiten zu Aufnahmen, wozu auch effektvolle Nachtfotos gehörten. In Asmara befindet sich auch das große Betriebswerk und das Ausbesserungswerk. Nach der obligatorischen Gruppenaufnahme verabschiedeten wir uns am Samstagabend herzlich von den Zugmannschaften, die sieben Tage lang ohne Murren die ungewöhnlichsten Aufnahmen ermöglicht haben. Hier soll diesen tollen Leuten noch einmal gedankt werden. Auch Dank an unseren ständigen Begleiter Tedros Kebbede von »Travel House International«, der diese Fahrt erst möglich gemacht hat. Nach einem letzten gemeinsamen Abendessen verließen wir dann Eritrea um 00.35 Uhr, nicht ohne einen weiteren Besuch näher ins Auge zu fassen.

Wolfgang Zeunert
Schmalspurbahn-Modelle

Liliput (H0e): ÖBB-Dampflok Reihe U mit drei der vier neuen ÖBB-Schmalspurgüterwagen.

ÖBB-Güterwagen (H0e; Liliput)

Liliput hat sein H0e-Güterwagen-Programm nach Vorbild der Österreichischen Bundesbahnen weiter komplettiert. Neu im Angebot sind ein Niederbordwagen mit Bremserbühne (Nw/s 40 204), ein offener Güterwagen mit Bremserhaus (Ow/s 60 225), ein gedeckter Güterwagen mit Bremserbühne (Gw/s 10 226) und ein gedeckter Güterwagen mit Bremserhaus (Gw/s 10 261). Die Wagen sind dunkelbraun lackiert. Die Beschriftung ist sauber aufgedruckt. Unter den Aufstiegen und Ladetüren sind freistehende Trittstufen angebracht. Die Achslager mit Federung sind plastisch gut graviert. Die Radsätze haben brünierte Räder. Im Umkarton der Verpackung liegt jeder Wagen in einer zweiteiligen Klarsichtschale mit Deckel und Schaumfolie sehr gut geschützt. Die Güterwagen sind in dieser vorzüglichen Ausführung eine echte Bereicherung auf den Anlagen der H0e-Freunde.

DR-Rollwagen (H0e; ROCO)

Zur Erweiterung seines DR-Rügensche Kleinbahnen-Programms hat ROCO H0e-Rollwagen geschaffen. Sie sind aus Metall hergestellt und schwarz lackiert. An den sehr schmalen Seitenträgern ist eine Beschriftung aufgedruckt. Im Rahmen der Rollwagen ist die komplette Bremsanlage nachgebildet. Zum Festzurren der aufgeschemelten Waggons können die Bremsschuhe entsprechend des Radabstandes verschoben und eingerastet werden. Die beiden zweiachsigen Achslager sind als Drehgestelle ausgeführt, womit eine gute Fahrsicherheit auf den meist engen H0e-Gleisbögen gewährleistet ist. Wie immer erfreut ROCO seine Kunden auch bei diesen Rollwagen mit in Tütchen verpackten Zurüstteilen. Wichtig davon sind Kuppelstangen in dreifacher Länge, mit denen die Rollwagen untereinander und auch mit der an der Lok befindlichen Bosna-Kupplung gekuppelt werden können.

Liliput H0e (L294220): *Gedeckter Güterwagen mit Bremserbühne ÖBB - Gw/s 10 226.*

Liliput H0e (L294230): *Gedeckter Güterwagen mit Bremserhaus ÖBB - Gw/s 10 261.*

Liliput H0e (L294030): *Niederbordwagen mit Bremserbühne ÖBB - Nw/s 40 204.*

Liliput H0e (L294020): *Offener Güterwagen mit Bremserhaus ÖBB - Ow/s 60 225.*

ROCO H0e: *DR-Rügenlok 99 4652 mit einem auf Rollwagen verladenen Fleischmann Tds 928.*

ROCO H0e (34595)
Auf einem Rollwagen verladener Fleischmann-H0-Tds 928. Vier verstellbare Hemmschuhe halten den Wagen in Position.

ROCO H0e (34595)
Draufsicht auf den DR-Rollwagen mit Nachbildung der Bremsanlage.

ROCO H0e (34595)
DR-Rollwagen von unten gesehen. Deutlich erkennbar die verschiebbaren Hemmschuhe und die als Drehgestelle ausgeführten Radsätze.

Ilm-Waldbahntrucks (ZT-Modellbahnen)

Nach der erfolgreichen Markteinführung der ZT-Feldbahnwagen im November 2009 erschien im Juli 2010 als Neuheit eine Packung mit zwei Waldbahn-Trucks. Wagen dieser Bauart wurden zum Abtransport von Stammholz auf Schmalspurbahnen aus Waldgebieten in ganz Europa eingesetzt. Die Wagen werden werksseitig mit Metallradsätzen geliefert. Kleine Metallketten zwischen den Drehschemeln dienen der Ladungssicherung. Die beiden Trucks sind untereinander mit einer abnehmbaren Kuppelstange verbunden. Die Normalkupplungen sind LGB-kompatibel. Die Wagen eignen sich ideal zur Bildung von Ganzzügen in Kombination mit den LGB-Feldbahnloks und anderen kleinen Lokomotiven sowie der Liliput-Diesellok V3. Alleinvertrieb Champex-Linden, 41542 Dormagen (Nievenheim).

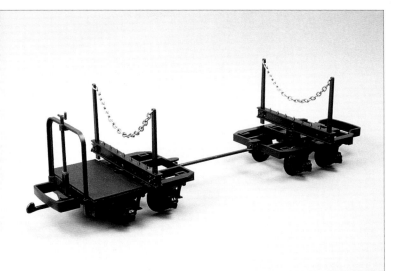

ZT-Modellbahnen (IIm/G)
Typenfoto der mit Kuppelstange verbunden Trucks der Doppelpackung.

ZT-Modellbahnen (IIm/G): *Waldbahntrucks hinter LGB-Feldbahnlok.* Fotos (2): Champex-Linden

Oe-Balancierkupplung (ZT-Modellbahnen)

Nachdem die Fertigung von 0e-Kupplungen bei Rolf Tonner ausgelaufen ist, hat ZT-Modellbahnen eine neue Balancierkupplung für 0e-Schmalspurfahrzeuge in superfeiner Kunststoffausführung geschaffen, die bereits bei Ihrer ersten Vorstellung in Wulften für Aufsehen gesorgt hat. Sie wird paarweise als fünfteiliger Bausatz mit verschiedenen Mittelpuffertellern und beweglicher Balancierstange geliefert. Die Montage auch an Magic Train-Fahrzeugen ist einfach: Gehäuse abnehmen, Standard-Kupplung ausklipsen und ZT-Kupplung einstecken. Vertrieb direkt durch den Hersteller ZT-Modellbahnen (74831 Gundelsheim-Tiefenbach; www.zt-modellbahnen.de).

ZT-0e-Kupplung an einem Magic-Train-Wagen.

ZT-0e-Kupplung mit 4 verschieden Puffertellern.

Einzelteile des ZT-0e-Kupplungsbausatzes.

Feldbahn-Museen

Frankfurter Feldbahnmuseum

Die Geschichte des Frankfurter Feldbahnmuseum begann damit, dass Eisenbahnfreunde aus dem Rhein-Main Gebiet zu Beginn der 1970er Jahre statt einer eigentlich angedachten Normalspurdampflok eine Feldbahndampflokomotive vom Denkmalsockel holten, um sie wieder in Betrieb zu nehmen. Daraus entwickelte sich in über 30 Jahren ein technisches Museum, so wie man es heute besuchen und erleben kann. Die auf dem Bahnsteig in Königstein im Taunus aufgestellte Schmalspurlokomotive wurde in den Rundlokschuppen der ehemaligen Feldbahn der Bong'schen Mahlwerke in Mainflingen bei Seligenstadt gebracht, um dort wieder restauriert zu werden. Aus dem Bedürfnis heraus, dem gemeinsamen Schaffen einen Rahmen zu geben, gründeten die Hobbyeisenbahner 1975 dann den Verein Frankfurter Schmalspurfreude, aus dem fünf Jahre später der als gemeinnützige und förderungswürdige anerkannte Dampfbahn Rhein-Main e. V. entstand. Wer heute das Frankfurter Feldbahnmuseum besucht mag sich kaum vorstellen, unter welchen erschwerten Bedingungen die Gründungsmitglieder im unbeheizten und undichten Schuppen in Mainflingen ihre Arbeit begannen und gleichwohl ihren Verein und ihr Werk unermüdlich weiter voran brachten. Wegen des voranschreitenden Kiesabbaus bei den Bong'schen Mahlwerken, dem auch der Lokschuppen zum Opfer fiel, musste der Verein 1978 in das ehemalige Lokomotiv-Ausbesserungswerk in Frankfurt-Nied umziehen. Dort wurde im ehemaligen Anheizschuppen der Neuanfang gewagt, bevor dann 1981 das Gelände wieder geräumt werden musste. Mit Hilfe der Stadt Frankfurt wurde eine neue Bleibe des Vereines gefunden, nämlich das ehemalige Straßenbahndepot im Frankfurter Stadtteil Bockenheim. Dort konnte jedoch nur ein Fahrbetrieb auf provisorischen Gleisen im Hof des Depots realisiert werden. Die Gleise muss-

TÜV-Termin am 25.9.2009 für sechs der zehn betriebsfähigen Dampflokomotiven gleichzeitig.
Foto: FFM/Wolfgang Paizdzior

Frankf. Feldbahnmuseum
Oben: Dampfok 1 (Heilbronn 1900/939) am 6.10.2007 mit Kipplorenzug.
Foto: FFM/Jürgen Herkelmann
Mitte: Lok D3 (Deutz 1956/56349) am 1.11.2009 mit Kipplorenzug.
        Foto: FFM/Udo Przygoda
Unten: Lok 8 (Borsig Brigadelokomotive HF312) im winterlichen Rebstockpark.
        Foto: FFM/Peter Kirchner

ten für jeden Fahrtag auf- und wieder abgebaut werden.
Der Versuch, eine eigene Eisenbahnstrecke zu finden und zu betreiben, schlug in diesen Jahren mehrmals fehl. Erst 1985 kam der Durchbruch. Mit Hilfe der Stadt Frankfurt am Main konnte ein Geländestreifen in der Nähe des Rebstockparks gefunden werden, dem heutigen Standort des Frankfurter Feldbahnmuseums.
Sofort begannen die Mitglieder des Vereins mit dem Aufbau und dem Umzug auf das neue Gelände, so dass schon 1987 der Lokschuppen mit seinen Anbauten eröffnet werden konnte. Der 600 m² große Bau beherbergt fünf Gleise, die Werkstatt, die Schreinerei und die Sozialräume.
Die umfangreichen Gleisanlagen auf dem Gelände und die Strecke im Rebstockpark mussten in Handarbeit errichtet werden. Jede Weiche, jedes Stück Schiene und jede Schwelle musste in die Hand genommen werden, um das Frankfurter Feldbahnmuseum so entstehen zu lassen, wie es sich heute präsentiert.
Aber auch die Außenanlage, die Ausstellung sowie die Ge-

bäude und Gleisanlagen des Museums wurden und werden von den Vereinsmitgliedern erstellt, ständig verbessert und erweitert.

Die Fahrstrecke, die sich an das Museum anschließt, konnte 1991 fertig gestellt und offiziell eingeweiht werden. Im Jahre 1998 wurde mit dem Bau der zweiten 380 m großen Abstellhalle begonnen. Im Jahre 2001 erfolgte die Genehmigung zur Verlängerung der Fahrstrecke auf dem Rebstockpark um 350 m, die im Jahr 2008 in Betrieb genommen werden konnte.

Mit Unterstützung der Stadt Frankfurt am Main konnte noch im Jahr 2007 eine Geländevergrößerung auf insgesamt ca. 10.000 m² erreicht werden.

So sind auch in der Zukunft genug Platz und Möglichkeiten vorhanden, das Thema Feldbahn erlebbar zu machen.

Noch im Jahr 2007 erfolgte der Bau der dritten 900 m² großen Abstellhalle mit dem Ziel, dass nahezu alle Feldbahnfahrzeuge witterungsgeschützt abgestellt werden können. *FFM/pr.*

Salzburger Freilichtmuseum in Großgmain

Mit Mitteln des Landes Salzburg und des Fördervereins

Freilichtmuseum Großgmain
Oben: *Professioneller Gleisbau in 600 mm Spurweite.*
Mitte: *Mietdampflok aus Deutschland.*
Unten: *Diesellok ex Kurbahn Bad Schwalbach.*
Fotos (4): Gunter Mackinger

Großgmain: *Diesellok (ex Diabaswerk Saalfelden) mit zwei Personenwagen (ex Schotterwagen).*

konnte das Salzburger Freilichtmuseum in Großgmain eine 1,7 km lange Schmalspurbahn mit der Spurweite von 600 mm zur Erschließung des hügeligen, weitläufigen Geländes bauen. Als Bauzuglok war eine JW 8 aus Privatbesitz eingesetzt.

Die Strecke führt vom Eingangsbereich im »Flachgau« über den Kreuzungsbahnhof »Tennegau« zur Endstation »Pongau«, und das mit einer durchgehenden Steigung von 40 ‰. Daneben gibt es noch eine Betriebsstrecke zum öffentlich nicht zugänglichen Betriebshof mit Werkstättenanlagen. Das Bahnhofgebäude im Flachgau entspricht dem Bahnhof Zistelalpe der seinerzeitigen Zahnradbahn auf den Gaisberg und wird künftig eine Ausstellung über Wald-, Feld- und Industriebahnen in Salzburg beherbergen.

Am 22.3.2010 trafen vom SCHÖMA-Werk kommend zwei Lokomotiven in Großgmain ein. Eine Lok (grün lackiert) stammt vom Diabaswerk in Saalfelden, ebenso die Waggons, welche bei der Fa. Mühlhäuser vom Schotterwaggon zum Personenwaggon umgebaut wurden. Die zweite Diesellokomotive (rot lackiert) konnte von der Kurbadbahn in Bad Schwalbach

erworben werden. Da den Gästen des Salzburger Freilichtmuseums in Großgmain in der ersten Saison der neuen Schmalspurbahn auch Besonderes geboten werden soll, wird im Jahr 2010 eine 600 mm-Dampflok eines Deutschen Sammlers angemietet. Die Wahl auf diese Lok fiel u.a. wegen der zweckmäßigen Ausrüstung mit Druckluftbremse (40-60 ‰ Gefälle). Am 7.4.2010 traf die gepflegte Maschine in Salzburg ein. Es handelt sich um eine polnische Las49. Diese Type wurde aus der deutschen HF70 C entwickelt. Die neue »Wahlsalzburgerin« wurde 1957 unter der Fab. Nr. 3471 bei der Lokomotivfabrik Chrzanow/Krenau OS gebaut. Bis 1993 war sie auf oberschlesischer 785 mm-Spur im Dienst der Grube Wavel in Ruda im Einsatz. Danach wurde die Lokomotive nach Deutschland verkauft.

Die Museumsbahn ist mit einem Investitionsvolumen von Euro 1,2 Mio das bisher größte Projekt des attraktivsten österreichischen Freilichtmuseums mit jährlich knapp 100.000 Besuchern. Die Eröffnung dieser neuen Schmalspurbahn erfolgte am 13.6.2010. Sie wird von der Salzburger Lokalbahn betrieben.

Gunter Mackinger

Wolfgang Zeunert
Literaturhinweise

Kompaktes Wissen
über die Schmalspurbahnen im Harz (1-3)
Es ist schon außergewöhnlich, dass innerhalb von zwölf Monaten drei Bücher im fast gleichen Format erscheinen, die sich in unterschiedlicher Form mit dem Thema der Schmalspurbahnen im Harz befassen. Ich habe also das große Vergnügen, hier die drei Werke vorzustellen, die zusammen Jedem, der sie besitzt, ein komplettes Wissen über dieses Thema vermittelt.

1) Strecken und Bahnhöfe
der Schmalspurbahnen im Harz
Von Jürgen Steimecke. 96 S. 240x170 mm, 130 Farb- und 26 SW-Fotos, 26 hist. Bahnhofsgleispläne, EUR 12,50 (D). Verlag Ingrid Zeunert, 38504 Gifhorn.
Strecken, Bahnhöfe und Fahrzeuge sind die Grundelemente eines jeden Bahnbetriebs, und genau denen widmet sich dieses hochinteressante Handbuch. Es beschreibt die Strecken der schmalspurigen Eisenbahnstrecken im Harz, die heute von der Harzer Schmalspurbahnen GmbH befahren werden. Die Bahnhöfe werden in laufender Reihenfolge entsprechend ihrer Lage knapp aber ausreichend informativ dargestellt, wozu auch historische Daten und die Erwähnung nicht mehr vorhandener Stationen und Gleisanschlüsse gehören. Ergänzend wird das illustriert durch Betriebsaufnahmen und Fotos von Bahnanlagen und Baulichkeiten. Alle bei den HSB mit Stand vom 1.1.2009 vorhandenen Fahrzeuge sind in Listen dokumentiert. Ein weiterer Schwerpunkt dieses Harzbahnbuchs sind 130 Farb- und 26 SW-Fotos sowie 25 historische Bahnhofsgleispläne, die schon für sich allein genommen eine beeindruckende Dokumentation von den Leistungen der Harzer Schmalspurbahnen und der Schönheit der Gegend sind, in der Deutschlands nördlichste Gebirgsbahn verkehrt.

2) Das Bahnbetriebswerk Wernigerode
Von Dirk Endisch. 160 S. 170c 240 mm, 130 Abb., 10 Zeichnungen, 50 Tabellen, EUR 23,50 (D). Verlag Dirk Endisch, 39576 Stendal.
Das Bahnbetriebswerk Wernigerode Westerntor nahm als letztes Schmalspur-Bw der Deutschen Reichsbahn (DR) eine Sonderstellung ein. Die Dienststelle ging am 1. Januar 1950 aus der Hauptwerkstatt der Nordhausen-Wernigeroder Eisenbahn (NWE) hervor. Ihr waren die Lokbahnhöfe Benneckenstein, Hasselfelde und Nordhausen Nord unterstellt. Der Lokbahnhof Gernrode war einst die Werkstatt der Gernrode-Harzgeroder Eisenbahn (GHE). Mit rund 200 Beschäftigten war das Bw Wernigerode Westerntor eines der letzten Bahnbetriebswerke der DR und in erster Linie für die Zugförderung auf den Strecken der Harzquer-, Brocken- und Selketalbahn verantwortlich. Aufgrund dieses sehr speziellen Aufgabengebiets konnte die Dienststelle stets ihre Selbstständigkeit bewahren. Gleichwohl besetzte das Bw Wernigerode Westerntor zeitweise auch regelspurige Dampf- und Dieselloks. Am 1. Februar 1993 übernahm die Harzer Schmalspurbahnen GmbH (HSB) das Bw Wernigerode-Westerntor. Dessen ungewöhnliche Geschichte, der Fahrzeugeinsatz sowie die Geschichte der Außenstellen werden detailliert beschrieben. Die vielen Fotos sowie Gleispläne von den Bahnhöfen, in denen sich Lokschuppen und Werkstätten befinden oder befanden, illustrieren das Buch informativ.

3) Alles über Schmalspurbahnen im Harz
Von Klaus-Jürgen Kühne, 128 S. 170x210 mm, ca. 100 Abb., EUR 14,95 (D). Transpress, 70180 Stuttgart
Seit 1899 führt die ehemalige »Nordhausen-Wernigeroder Eisenbahn« (NWE) quer durch den Harz. Die heute als Harzquerbahn bekannte Strecke bildet gemeinsam mit der bereits 1887 in Betrieb genommenen »Gernrode-Harzgero-

der Eisenbahn« (GHE), heute HSB-Selketalbahn, das größte zusammenhängende Schmalspurnetz Deutschlands. Bis zur Errichtung der innerdeutschen Grenze zählte auch die 1963 stillgelegte Südharz-Eisenbahn von Walkenried über Braunlage nach Tanne dazu. NWE und GHE wurden nach dem Zweiten Weltkrieg von der Deutschen Reichsbahn weiter betrieben. In kompakter Form beschreibt dieses Buch die wechselvolle Geschichte der Schmalspurbahnen im Harz, illustriert mit historischen und aktuellen Fotos.

Chemins de Fer Privés Vaudois 2000-2009
10 ans de modernisation
Von Jean-Louis Rochaix, Sébastien Jarne, Gérald Hadorn, Michel Grandguillaume, Michel Dehanne und Anette Rochaix. 424 S. 200x210 mm, zahlreiche, weit überwiegend farbige Fotos und einige Fahrzeugtypenskizzen. CHF 87,00. La Raillére, Travers-Bancs 14, 1092 Belmont, SCHWEIZ.
Ich hatte in den vergangenen Jahren wiederholt das Vergnügen, die Bücher über die Schmalspurbahnen im Vaud (Waadtland; Kanton im Schweizer Mittelland mit Teilen des Genfer und Neuenburger Sees) vorstellen zu können. Unter der Federführung von Jean-Louis Rochaix entstand nun ein Sammelband, der die Modernisierung der Bahnen zwischen 2000 und 2009 beschreibt. Der knappe französische Text braucht deutsche Leser nicht abzuschrecken, denn das Buch besteht überwiegend aus Fotos, deren kurzgefaßte Bildunterschriften leicht verständlich sind. Das Vorhandensein eines Wörterbuchs deutsch-französisch ist natürlich hilfreich. Die einzelnen Bahnen werden mit einem tabellarischen Datenblatt und einem Text vorgestellt, der auf jeweils etwa drei Seiten die Veränderungen in den einzelnen Jahren des letzten Jahrzehnts beschreibt. Danach folgt der umfangreiche Bildteil mit überwiegend farbigen Fotos und teilweise auch mit Typenskizzen von Neubaufahrzeugen. Viele Bahnen sind auch deutschen Lesern ein Begriff, wie etwa Bière-Apples-Morges, Lausanne-Echalens-Bercher oder Montreux-Oberland Bernois. Die große Fülle an Fotos ist beeindruckend. Das auf schwerem Kunstdruckpapier gedruckte Buch gehört mit Sicherheit zu den wichtigsten Dokumentationen über die Schweizer Schmalspurbahnen.

Schmalspurbahnen in Mecklenburg
DVD-Video. Produktion: CFT-Video. Laufzeit ca. 58 Minuten. EUR 19,80 (D). EK-Verlag, 79115 Freiburg.
Heute gibt es in Mecklenburg nur noch die »Molli« und den »Rasenden Roland«. Aber vor vierzig Jahren sah es hier noch ganz anders aus. Zwischen Barth und Stralsund fuhr die Franzburger Kreisbahn, auf Rügen gab es mehrere Schmalspurstrecken, und die Mecklenburg-Pommersche Schmalspurbahn (MPS) betrieb ein ganzes Streckennetz sogar mit 600 mm Spurweite. Gezeigt werden neben aktuellen Aufnahmen von den noch befahrenen Strecken auch zahlreiche historische Filmszenen, von denen die von der MPS eine längst untergegangene, ländliche Kleinbahnwelt zeigen. Diese DVD gehört mit zum Besten, was über Schmalspurbahnen filmisch geboten wird.

Die Harzer Schmalspurbahnen
Video-DVD. Produktion CFT-Video. Laufzeit ca. 58 Minuten. EUR 19,80. EK-Verlag, 79115 Freiburg.
Die täglich von Dampfloks gezogenen Züge sind ein Anziehungspunkt besonderer Art. Das Video blickt hinter die Kulissen des alltäglichen Betriebs auf Meterspurgleisen, wobei neben der Brockenbahn auch der Triebwagenbetrieb auf der Selketalbahn bis Quedlinburg und der städtische Nahverkehr von Nordhausen mit Combino Duos nicht vergessen wird. Eingestreut sind auch historische Filmszenen. Der Schmalspurbahn-Freund kommt mit diesem Video auf seine Kosten.